AI와 수학

AI문고

인공지능 시대입니다. 기계가 인간의 인지를 대신하고, 사물이 인간을 통하지 않고 다른 사물과 직접 커뮤니케이션합니다. 이에 따른 인간 삶과 문명 변화를 정확히 이해·예측·대응하는 것은 이 시대 우리 모두의 과제입니다. AI문고는 인공지능 기술과 환경의 여러 주제를 10가지 키워드로 정리합니다. 관련 개념과 이론, 학계와 산업계의 쟁점, 우리 일상의 변화를 다룹니다. 인간과 기술의 현재, 미래를 세심히 분석합니다.

일러두기

- 인명, 작품명, 저서명, 개념어 등은 한글과 함께 괄호 안에 해당 국가의 원어를 병기했습니다.
- 외래어 표기는 현행 어문규정의 외래어표기법을 따랐습니다. 다만 '딥러닝', '딥마인드', '딥페이크' 등은 관행을 따랐습니다.

처음이세요?

전문가세요?

AI와 수학

백란

대한민국, 서울, 커뮤니케이션북스, 2024

AI와 수학

지은이 백란
펴낸이 박영률

초판 1쇄 펴낸날 2024년 9월 30일

커뮤니케이션북스(주)
출판 등록 2007년 8월 17일 제313-2007-000166호
02880 서울시 성북구 성북로 5-11
전화(02) 7474 001, 팩스(02) 736 5047
commbooks@commbooks.com
www.commbooks.com

ISBN 979-11-288-6874-0 03500

책값은 뒤표지에 표시되어 있습니다.

차례

수학의 마법, AI의 심장: 우리 일상을 변화시키는 숨겨진 언어

우리는 지금 인공지능의 시대를 살아가고 있다. 스마트폰의 음성 비서가 우리의 일정을 관리하고, 자율 주행 자동차가 도로를 달리며, 의료 AI가 질병을 진단한다. 이러한 혁신적인 기술들이 우리의 일상을 변화시키고 있다.

그러나 이 놀라운 기술의 심장부에는 의외의 주인공이 숨어 있다. 바로 수학이다.

수학이라고 하면 지루한 공식과 복잡한 계산을 떠올리는가? 잠시 그 생각을 접어 두자. 여기서 말하는 수학은 인공지능이라는 마법을 부리는 주문과도 같다. 그것은 단순한 숫자의 나열이 아니라, 세상을 이해하고 표현하는 우아한 언어다. 또한, 수학은 음성을 의미로 바꾸고, 픽셀을 얼굴로 인식하며, 의료 데이터에서 질병의 패턴을 찾아낸다. 복잡한 현실을 단순한 모델로 압축하고, 그 모델에서 놀라운 통찰을 이끌어 내는 것이며, 이것이 바로 인공지능의 핵심에서 수학이 하는 일이다.

상상해 보자. 친구들과 피자를 나누는 단순한 행위가

인공지능의 복잡한 의사 결정 과정을 이해하는 열쇠가 된다면 어떨까? 좋아하는 음악으로 플레이리스트를 만들며 머신러닝의 신비로운 원리를 깨닫는다면? 넷플릭스가 마법처럼 당신의 취향에 꼭 맞는 영화를 추천하는 그 이면에 숨겨진 확률의 세계를 들여다본다면?

이 모든 일상적 경험들이 인공지능의 수학적 기반을 이해하는 창문이 된다. '수학으로 접근하는 인공지능'은 바로 이런 접근법을 통해 복잡한 개념들을 풀어낸다. 어려운 수식 대신 우리의 일상 속 이야기로 인공지능의 핵심을 탐구하는 것이다

이 책은 단순한 기술 해설서의 틀을 넘어, 우리 주변에 숨겨진 수학의 아름다움을 발견하는 흥미로운 여정이며, 동시에 미래 기술의 근간을 이해하는 열쇠를 제공할 것이다.

페이지를 넘길 때마다 인공지능의 새로운 면모를 만나게 될 것이다. 그리고 이 과정에서 놀라운 변화가 일어난다. 우리가 늘 당연하게 여겼던 주변의 기술들이 마치 새 옷을 갈아입은 듯 달라 보이기 시작하는 것이다.

스마트폰 카메라로 사진을 찍을 때, 그 속에 숨어 있는 영리한 계산법이 보일 것이다. 내비게이션으로 길을 찾을 때, 수많은 길 중 가장 빠른 길을 고르는 비밀이 보일

것이다. 온라인 쇼핑을 할 때, 우리의 취향을 읽어 내는 똑똑한 방법이 보일 것이다.

이 탐구의 여행이 끝날 무렵, 당신은 인공지능을 바라보는 새로운 시각을 얻게 될 것이다. 이는 단순한 지식의 축적을 넘어서는 경험이 될 것이며, 우리의 일상에 스며든 기술의 본질을 꿰뚫어 보는 통찰력, 그것이 바로 당신이 얻게 될 선물이다.

마치 흐릿했던 풍경이 안경을 통해 선명해지듯, 당신 눈앞의 세상이 새롭게 다가올 것이다. 그동안 보지 못했던 세상의 깊이와 아름다움이 모습을 드러낼 것이다. 인공지능과 수학이 만들어 내는 놀라운 세계가 당신을 기다리고 있다. 그리고 당신은 이 새로운 세계를 누비는 호기심 가득한 탐험가가 되어 있을 것이다.

자, 이제 그 신비로운 세계로 한 걸음 내디뎌 보자. 당신의 일상에 숨어 있던 작은 마법들을 하나씩 발견하는 즐거운 모험이 시작될 것이다.

AI의 수학적 기반: 일상의 수학, AI의 심장이 되다

우리는 종종 AI를 미래의 기술, 혹은 공상 과학 영화에나 나올 법한 마법 같은 존재로 여긴다. 하지만 그 화려한 겉모습을 걷어 내면, 그 핵심에는 우리에게 친숙한 수학이 자리 잡고 있다. 우리가 학창 시절에 배웠던 선형대수학, 미적분학, 확률론, 통계학 등이 AI 시스템의 뿌리를 이루는 핵심 요소들이다.

이들 수학은 단순히 숫자를 다루는 도구가 아니다. 그것은 AI가 세상을 바라보고, 이해하고, 해석하는 특별한 언어다. 마치 우리가 언어로 생각하고 소통하듯, AI는 이 수학적 언어로 세상과 대화한다.

예를 들어, 우리가 배우는 일차함수와 그래프를 생각해 보자. AI가 데이터를 분석하고 예측할 때, 이런 함수들을 아주 복잡하게 조합해서 사용한다. 마치 레고 블록을 쌓아 거대한 구조물을 만드는 것과 같다. 여러분이 y = ax + b 형태의 함수를 그래프로 그리는 연습을 할 때, AI는 이런 함수들을 수천, 수만 개 조합해서 복잡한 패턴을 찾아내는 것이다.

AI의 눈과 귀가 되는 수학인 선형대수학은 AI 시스템의 핵심 기반이 되는 수학 분야다. AI에서 얼마나 중요한지, 그리고 어떤 역할을 하는지 살펴보면 첫째, 다차원의 데이터의 언어 · 이미지 · 음성 · 텍스트 등 우리가 일상적으로 접하는 모든 정보는 AI에게 수많은 차원을 가진 벡터로 표현된다. 예를 들어, 흑백 사진 한 장은 수천 개의 픽셀로 이루어진 2차원 행렬로 표현될 수 있다. 둘째,

복잡한 데이터 속에서 의미 있는 패턴을 찾아내는 열쇠다. 행렬 연산을 통해 고차원의 데이터를 변환하고 분석한 뒤, 이를 통해 AI는 이미지 속 물체를 인식하거나, 음성에서 특정 단어를 찾아내거나, 텍스트의 의미를 이해할 수 있게 된다.

셋째, AI가 빠르고 효율적으로 작동할 수 있게 해 준다. 복잡한 연산을 단순한 행렬 곱으로 표현함으로써 컴퓨터가 빠르게 처리할 수 있게 하며, 이는 대규모 데이터를 다루는 현대 AI 시스템에서 특히 중요한 영역이다. 마지막으로 딥러닝과 같은 현대 AI 기술에서 선형대수학은 더욱 중요한 역할을 한다. 신경망의 각 층은 본질적으로 선형 변환과 비선형 활성화 함수의 조합으로 이루고 있다. 학습 과정에서 가중치를 조정하는 것도 결국은 행렬 연산의 최적화 문제로 볼 수 있다. 선형대수학의 행렬과 벡터가 사실은 현대 기술의 최전선에서 핵심적인 역할을 하고 있다는 사실이 수학의 아름다움과 힘을 재발견하는 과정이 될 것이다.

AI의 학습 엔진인 미적분학은 AI의 학습 과정을 이해하는 열쇠다. 이는 AI가 지식을 쌓고 실력을 향상시키는 방법의 핵심이 된다. AI의 학습은 마치 눈 가린 등산가가 산 정상을 오르는 것과 비슷하다. 이때 미적분학은 AI의 지팡이가 된다. 이 지팡이로 주변을 더듬어 가며 가장 효율적인 등산 경로를 찾아낸다.

딥러닝 모델이 오차를 줄여 나가는 과정은 미분을 통한 최적화의 결과다. '경사 하강법'이라는 최적화 알고리즘은 이 과정의 핵심이 된다. 이 알고리즘은 미분을 이용해 손실 함수의 값을 최소화하는 방향을 찾아간다.

예를 들어, AI가 오류를 최소화하는 과정은 미분을 이용해 함수의 최솟값을 찾는 것과 같다. 마치 깊은 계곡의 가장 낮은 지점을 찾아가는 것과 비슷하다.

이 과정에서 미적분학은 AI에게 '지형'을 파악하는 능력을 준다. 함수의 기울기를 계산함으로써 AI는 어느 방향으로 가야 더 나은 결과를 얻을 수 있는지 판단한다.

결과적으로, 미적분학은 AI가 끊임없이 자신의 성능을 개선하고 최적의 상태에 도달할 수 있게 해 준다. 이는 마치 등산가가 정상에 오르기 위해 지형을 파악하고 최적의 경로를 찾아가는 과정과 다르지 않다.

이렇게 미적분학은 AI의 '학습 엔진'이 된다. AI가 방대한 데이터 속에서 의미 있는 패턴을 찾아내고, 복잡한 문제를 해결하는 능력의 근간이 되는 것이다.

AI의 불확실성 나침반인 확률론과 통계학은 완벽히 예측 가능하지 않은 우리가 사는 세상에서 불확실한 상황을 예측해 준다.

AI는 이 불확실성을 확률로 표현한다. 마치 일기예보가 비 올 확률을 말해 주는 것처럼, AI도 각 상황의 가능성을 수치로 나타낸다. 이를 통해 AI는 복잡한 현실 세계를 이해하고 해석한다.

통계적 방법은 AI가 의미 있는 패턴을 찾아내는 도구가 된다. 이는 마치 바다에서 보물을 찾는 것과 같다. 수많은 데이터라는 모래알 속에서 진주 같은 통찰을 발견해 내는 것이다.

베이즈 정리(Bayes' theorem)를 이용한 확률적 추론은 사고 엔진이 된다. 이 정리는 AI가 새로운 정보를 처리하는 방식의 근간을 이룬다.

AI는 베이즈 정리를 통해 자신의 '믿음'을 지속적으로 갱신한다. 이는 마치 우리가 새로운 경험을 통해 세상을 바라보는 관점을 조정하는 것과 유사하다.

예를 들어, AI가 이미지 분류를 학습할 때 이 원리를 적용한다. 처음에는 고양이와 개를 구분하는 데 서툴 수 있다. 하지만 더 많은 이미지를 접할수록, AI는 자신의 판단 기준을 조금씩 수정해 나간다.

이 과정은 우리가 어릴 때 처음 동물을 배우는 과정과 비슷하다. 처음에는 네 발 달린 동물을 모두 '강아지'라고 부를 수 있지만, 점차 다양한 동물을 접하면서 그 차이를 인식하게 되는 것과 같다.

베이즈 정리를 통한 이러한 학습 방식은 AI가 불확실한 상황에서도 유연하게 대처할 수 있게 해 준다. 새로운 데이터가 들어올 때마다 AI는 자신의 지식을 조금씩 조정하며, 더 정확한 판단을 내릴 수 있게 된다.

이렇게 AI는 베이즈 정리를 통해 끊임없이 학습하고 진화한다. 마치 과학자가 새로운 증거를 바탕으로 이론을 수정해 나가는 것처럼, AI도 자신의 '세계관'을 계속해서 발전시켜 나가는 것이다.

최대 우도 추정은 AI의 학습 과정에서 핵심적인 역할을 한다. 이는 AI가 데이터를 바라보는 안경과도 같다.

이 방법은 AI가 주어진 데이터를 가장 잘 설명할 수 있는 모델을 찾아내는 과정이다. 마치 탐정이 증거를 모아 사건의 진실을 추리해 내는 것과 비슷하다.

AI는 다양한 가능성 중에서 가장 그럴듯한 설명을 찾아낸다. 이는 마치 수많은 퍼즐 조각 중에서 가장 잘 맞는 조각을 찾아 큰 그림을 완성해 가는 것과 같다.

이 과정에서 AI는 다양한 모델을 시도해 본다. 그리고 어떤 모델이 주어진 데이터를 가장 잘 설명하는지 평가한다. 이는 마치 요리사가 여러 레시피를 시도해 보고 가장 맛있는 요리법을 찾아내는 것과 유사하다.

최대 우도 추정을 통해 AI는 복잡한 현실 세계를 단순화된 모델로 표현한다. 이는 지도를 만드는 것과 비슷하다. 실제 지형의 모든 세부 사항을 담을 순 없지만, 가장 중요한 특징들을 포착해 유용한 지도를 만들어 내는 것이다.

결과적으로 이 방법은 AI가 데이터로부터 의미 있는 패턴을 추출하고, 이를 바탕으로 미래를 예측하거나 결정을 내리는 데 도움을 준다. 이는 AI가 우리의 세계를 이해하고 해석하는 방식의 핵심이 된다.

수학은 AI의 뿌리이자 날개다. 이는 단순히 계산을 위한 도구가 아니라, AI가 세상을 이해하고 문제를 해결하는 방식 그 자체다.

알고리즘의 효율성을 분석하는 빅오(Big-O) 표기법은 AI의 실행 가능성을 결정짓는 척도가 된다. 이는 마치 우주 탐사선의 연료 효율을 계산하는 것과 같다. 얼마나 멀리, 얼마나 빨리 갈 수 있는지를 결정하는 것이다.

정보 이론은 AI가 데이터를 압축하고 전송하는 방법을 제공한다. 이는 마치 AI에게 효율적인 언어를 가르치는 것과 같다. 복잡한 아이디어를 간결하게 표현할 수 있게 해 준다.

최적화 이론은 AI의 학습 과정을 가속화한다. 이는 AI에게 '똑똑하게 공부하는 법'을 가르치는 것과 같다. 최소한의 노력으로 최대의 효과를 얻는 방법을 찾아낸다.

그래프 이론은 AI에게 복잡한 관계를 이해하는 능력을 준다. 이는 마치 AI에게 사회성을 부여하는 것과 같다. 소셜 네트워크의 패턴을 분석하고, 사용자에게 적절한 추천을 할 수 있게 해 준다.

이처럼 수학은 AI의 언어이자 사고방식이 된다. AI를 이해하고 발전시키는 것은 결국 이 수학적 언어를 배우고 응용하는 과정이다.

처음에는 이러한 개념들이 추상적으로 느껴질 수 있다. 하지만 이들이 실제로 어떻게 활용되는지 알게 되면, 마치 퍼즐 조각이 맞춰지듯 모든 것이 명확해진다.

예를 들어, 스마트폰의 얼굴 인식 기능, 음성 비서의 대화 능력, 자율 주행 자동차의 판단력 등 우리 주변의 첨단 기술들이 모두 이러한 수학적 원리를 바탕으로 작동한다는 것을 깨닫게 된다.

결국, 수학을 배우는 것은 AI의 미래를 설계하는 것과 다름없다. 이는 단순한 지식의 축적이 아니라, 미래 기술의 언어를 습득하는 과정이 된다.

AI의 응용: 일상을 변화시키는 수학의 마법

AI는 이제 우리 일상의 일부가 되었다. 그 핵심에는 수학이라는 강력한 엔진이 있다.

컴퓨터 비전은 우리의 눈이 되어 준다. 스마트폰이 사진 속 얼굴을 인식하고 초점을 맞추는 것은 이 기술 덕분이다. 이는 사진을 거대한 숫자 행렬로 변환하고, 복잡한 수학적 연산으로 얼굴의 특징을 찾아낸다. 눈, 코, 입의 위치 관계를 벡터로 표현하고, 학습된 패턴과 비교한다. 자율 주행 차량이 도로의 장애물을 파악하는 것도 이 기술의 산물이며, 이 기술의 핵심에는 복잡한 수학적 연산이 있다.

추천 시스템은 우리의 취향을 수학적으로 해석한다. 유튜브나 넷플릭스가 영상을 추천할 때, 시청자의 취향을 수식으로 분석해서 비슷한 취향을 가진 다른 사용자들이 좋아한 영상을 추천해 준다. 행렬 분해, 그래프 이론 같은 고급 수학이 이 과정에서 활용된다.

음성 인식과 자연어 처리는 언어를 수학적으로 분석해서 이해하고 처리한다. 단어들을 숫자로 바꾸고, 고차원 벡터로 표현하며, 문장 구조를 확률로 계산한다. 이를 통해 AI는 인간의 말을 이해하고 대화할 수 있게 된다.

자율 주행 기술은 수학적 알고리즘의 결정체다. 차량

이 주변을 인식하고 안전 경로를 계획하는 과정에서 그래프 이론과 최적화 이론이 적용된다. 이는 복잡한 도로 환경에서 최적의 판단을 내리는 데 필수적이다. 예를 들어, 장애물을 피해 최적의 경로를 찾는 것은 그래프 이론과 최적화 이론을 응용한 것이다.

의료 AI는 생명을 구하는 수학이 된다. X-ray나 MRI 영상 분석에 이미지 처리 기술과 통계적 분류 기법이 사용된다. 이는 확률, 통계, 행렬 연산이 실제로 어떻게 활용되는지 보여 주는 생생한 예시다.

이처럼 AI는 수학을 통해 우리 일상에 마법 같은 변화를 가져온다. 한때 추상적으로만 여겨졌던 수학적 개념들이 이제는 우리 삶을 더 편리하고 안전하게 만드는 핵심 도구가 된다. AI의 세계를 이해하는 것은 곧 이러한 수학의 마법을 이해하는 것과 같다.

AI의 윤리와 미래: 수학으로 더 나은 세상 만들기

AI의 발전은 우리에게 새로운 윤리적 과제를 안겨 준다. 이 도전에 맞서는 데도 수학은 핵심적인 역할을 한다.

AI의 공정성은 수학적으로 검증된다. 대출 심사 AI가 성별이나 인종에 따라 차별하지 않는지, 통계적 방법으로 분석할 수 있다. 이는 수학이 사회 정의 실현에 기여하는 한 사례다.

AI의 '생각' 과정을 설명하는 것도 수학의 영역이다. 'SHAP 값'이라는 개념은 게임 이론을 AI에 적용해 복잡한 의사 결정 과정을 해석한다.

SHAP 값은 AI의 복잡한 결정 과정을 풀어내는 열쇠와 같다. 이를 좀 더 쉽게 설명해 보자.

우선, AI의 결정 과정은 종종 '블랙박스'라고 불린다. 마치 불투명한 상자 안에서 무언가가 일어나는 것처럼, AI가 어떤 근거로 결정을 내렸는지 알기가 어렵기 때문이다.

SHAP 값은 이 블랙박스를 투명하게 만든다. 이는 마치 복잡한 요리 레시피에서 각 재료의 중요도를 밝히는 것과 비슷하다.

예를 들어, 은행의 대출 심사 AI를 생각해 보자. 이 AI는 소득, 나이, 직업 등 여러 정보를 바탕으로 대출 승인 여부를 결정한다. SHAP 값은 이 결정에 각 요소가 얼마나 영향을 미쳤는지 수치로 보여 준다.

이 과정에서 게임 이론의 개념이 활용된다. 마치 여러 선수가 협력해 게임에서 승리한 후 각자의 기여도를 계산하는 것처럼, AI 결정에 대한 각 요소의 기여도를 계산한다.

결과적으로 우리는 "이 대출이 승인된 이유는 높은 소득(60% 기여)과 안정적인 직업(30% 기여) 때문이며, 나이(10% 기여)는 크게 중요하지 않았다"와 같은 설명을 얻을 수 있다.

이렇게 SHAP 값은 AI의 결정을 인간이 이해할 수 있는 언어로 번역한다. 이는 AI를 더욱 신뢰할 수 있게 만들고, 잠재적인 편견이나 문제를 발견하는 데 도움을 준다.

SHAP 값은 복잡한 수학을 바탕으로 하지만, 그 결과는 우리의 일상에 직접적인 영향을 미친다. 이는 추상적인 수학이 어떻게 현실 세계의 중요한 문제를 해결하는 데 사용되는지 보여 주는 실질적인 사례다.

프라이버시 보호는 통계학과 암호학의 만남으로 이루어진다. '차분 프라이버시' 기술은 개인 정보를 보호하면서도 유용한 정보를 추출해 낸다. 이는 확률과 통계가 현실 문제 해결에 직접 적용되는 사례다.

미래 예측에도 수학적 모델링이 활용된다. 경제학자들은 AI가 노동 시장에 미칠 영향을 수학 모델로 예측한다. 이를 통해 우리는 미래의 변화에 대비할 수 있다.

하지만 기억해야 할 점은, 수학만으로는 모든 문제를 해결할 수 없다는 것이다. AI 기술을 어떻게 사용할지,

어떤 가치를 중요하게 여길지는 결국 우리 사회가 함께 결정해야 한다. 수학은 우리에게 정확한 분석 도구를 제공하지만, 최종적인 판단은 인간의 몫이다.

이제 수학은 단순한 학교 과목을 넘어선다. 그것은 세상을 이해하고 변화시키는 강력한 도구가 된다. AI 시대에 수학은 더 나은 미래를 만드는 열쇠가 된다.

수학과 AI의 세계는 높은 산과 같다. 처음에는 오르기 힘들어 보이지만, 한 걸음씩 꾸준히 나아가면 반드시 정상에 오를 수 있다. 이 여정은 도전적이지만, 그만큼 가치 있고 보람차다. 끈기와 호기심으로 무장한다면 누구나 이 신비로운 영역을 정복할 수 있다. 이 흥미진진한 여정에 여러분을 초대한다. AI와 수학으로 가득 찬 미래, 그 멋진 모험을 함께 시작해 보자!

책의 구성

책의 구성은 AI의 기초부터 최신 기술까지 폭넓게 다룬다. 첫 장에서는 AI와 수학의 만남을 소개하며, 왜 수학이 AI의 핵심인지 설명한다. 선형대수학, 미적분학, 확률론, 통계학 등이 어떻게 AI 알고리즘 개발과 데이터 분석, 최적화에 필수적인 역할을 하는지 보여 준다. 이어서 알고리즘의 힘을 다루는데, 여기서는 다양한 수학 분야가 AI 알고리즘에 어떻게 적용되는지 설명한다. 특히 알고리즘의 효율성을 나타내는 빅오 표기법의 개념을 소개해, 독자들이 AI 시스템의 성능을 이해하는 데 도움을 준다.

'숫자로 보는 세상: 데이터의 힘' 장에서는 데이터의 중요성과 AI의 활용을 조명한다. 기본적인 통계 개념부터 시작해 복잡한 데이터 분석 기법까지 단계적으로 설명하며, 이 과정에서 수학이 어떻게 활용되는지 보여 준다. 또한 데이터 윤리와 같은 사회적 이슈도 함께 다루어, 독자들이 AI 기술의 영향을 다각도로 이해할 수 있게 한다.

컴퓨터 비전을 다루는 장에서는 기계가 어떻게 시각 정보를 이해하고 해석하는지 설명한다. 여기서는 행렬 연산, 미분 방정식 등의 수학적 개념이 어떻게 이미지 처리와 패턴 인식에 활용되는지 보여 준다. 실제 응용 사례로 의료 영상 진단, 자율 주행 차량의 장애물 감지 등을 소개해 독자들의 이해를 돕는다.

신경망과 딥러닝을 다루는 장에서는 인간 두뇌에서 영감을 얻은 이 기술의 수학적 기초를 설명한다. 활성화 함수, 손실 함수, 경사 하강법 등의 개념을 쉽게 풀어내어, 복잡해 보이는 딥러닝의 원리를 독자들이 이해할 수 있게 한다. 얼굴 인식, 음성 인식, 자연어 처리 등 실생활에서 만나는 딥러닝 응용 사례들을 통해 이 기술의 잠재력과 한계를 동시에 보여 준다.

자연어 처리를 다루는 장에서는 컴퓨터가 어떻게 인간의 언어를 이해하고 처리하는지 설명한다. 벡터 공간 모델, 확률 모델, 정보 이론 등 다양한 수학적 개념이 어떻게 텍스트 분석, 기계 번역, 감정 분석 등에 활용되는지 보여 준다. 챗봇, 자동 번역기 등 우리 주변에서 흔히 볼 수 있는 NLP 기술의 작동 원리를 수학적으로 설명해 독자들의 호기심을 자극한다.

'결정의 나무: 의사 결정 알고리즘' 장에서는 AI가 어떻게 복잡한 선택을 체계적으로 분석하고 결정을 내리는지 설명한다. 그래프 이론, 확률론, 게임 이론 등이 어떻게 의사 결정 알고리즘에 적용되는지 보여 주며, 이를 통해 AI의 판단 과정을 이해할 수 있게 한다. 또한 알고리즘의 한계와 인간의 직관이 여전히 중요한 이유도 함께 다룬다.

'인공지능의 도덕적 딜레마' 장에서는 AI의 윤리적 의사 결정 문제를 수학적 관점에서 접근한다. 공정성을 수학적으로 정의하는 방법, 편향을 줄이기 위한 알고리즘적 접근, 윤리적 제약을 최적화 문제로 표현하는 방법 등을 소개한다. 이를 통해 AI 윤리가 단순한 철학적 논의를 넘어 실제적인 기술적 문제임을 보여 준다.

마지막으로 'AI × 수학: 코드와 계산의 조화' 장에서는 AI와 수학의 융합이 만들어 낼 미래 기술을 전망한다. 양자 컴퓨팅, 뇌-컴퓨터 인터페이스, 범용 인공지능 등 현재 연구 중인 첨단 기술들을 소개하고, 이들이 어떤 수학적 원리를 바탕으로 하는지 설명한다. 또한 이러한 기술 발전이 가져올 수 있는 사회적 변화와 그에 대한 준비의 필요성도 강조한다.

이 책의 목표는 AI에 대한 막연한 두려움이나 과도한 기대를 넘어 균형 잡힌 시각을 제공하는 것이다. AI는 마법이 아닌 수학과 과학의 산물이며, 그 원리를 이해하면 누구나 AI 기술을 효과적으로 활용할 수 있다. 동시에 AI의 한계와 잠재적 위험성도 인식함으로써 우리는 더 책임감 있게 이 기술을 발전시키고 사용할 수 있을 것이다.

이 책은 완벽한 해답을 제시하기보다는 독자의 호기심을 자극하고 더 깊은 탐구의 시작점이 되고자 한다. AI와 수학의 세계는 끊임없이 진화하고 있으며, 아직 풀리지 않은 수많은 문제들이 우리를 기다리고 있다. 이 책을 읽은 후, 독자 중 누군가가 AI 연구의 새로운 지평을 열어 갈 수도 있을 것이다. 수학으로 접근하는 AI의 세계로 여러분을 초대한다. 함께 미래를 만들어 가자.

참고문헌

Alpaydin, E.(2020). *Introduction to machine learning.* MIT press.

Bishop, C. M.(2006). *Pattern recognition and machine learning.* Springer.

Goodfellow, I., et al.(2016). *Deep learning.* MIT press.

Hastie, T., et al.(2009). *The elements of statistical learning: Data mining, inference, and prediction* (2nd ed.). Springer.

Murphy, K. P.(2012). *Machine learning: A probabilistic perspective.* MIT press.

Russell, S., & Norvig, P.(2020). *Artificial intelligence: A modern approach* (4th ed.). Pearson.

Sutton, R. S., & Barto, A. G.(2018). *Reinforcement learning: An introduction.* MIT press.

01
수학과 만난 인공지능

인공지능(AI)은 인간의 지능을 모방해 학습, 추론, 문제 해결 능력을 구현하는 기술로, 빅데이터 처리 능력과 함께 발전했다. 수학은 AI의 핵심으로, 선형대수학, 미적분학, 확률론, 통계학 등이 알고리즘 개발, 데이터 분석, 최적화, 예측 모델링 등에 필수적으로 사용된다. 수학은 AI 시스템의 설계, 구현, 최적화, 해석의 기초를 이루며, 두 분야의 상호 작용은 지속적인 발전을 촉진한다.
(인공지능 역사 중심에는 수학이 있었다!!)

AI와 1인 창업?

AI와 수학: 미래를 여는 열쇠

우리는 지금 AI의 시대를 살아가고 있다. 스마트폰에서 음성 비서를 사용하고, 온라인 쇼핑몰에서 개인 맞춤 추천을 받으며, 자율 주행 자동차의 발전을 목격하고 있다. 이 모든 것의 핵심에는 '지능'이 있다. 그렇다면 지능이란 무엇일까? 이 질문에 대한 답을 찾는 것으로부터 우리의 여정을 시작해 보자.

지능은 우리 인간의 가장 중요한 능력 중 하나다. 우리는 지능을 통해 주변 환경을 이해하고, 새로운 정보를 학습하며, 문제를 해결하고 결정을 내린다. 하지만 재미있게도, 이렇게 중요한 '지능'이라는 개념을 정확히 정의하기는 매우 어렵다. 학자들 사이에서도 지능의 정의에 대한 다양한 의견이 있다. 이는 마치 우리가 매일 사용하는 공기의 존재를 느끼지 못하는 것과 비슷하다. 너무나 당연하고 익숙해서 오히려 정의하기 어려운 것이다.

그럼에도 불구하고, 우리는 지능의 주요 특성들을 이해할 수 있다. 첫째, 지능은 학습 능력과 관련이 있다. 우리가 새로운 언어를 배우거나, 수학 문제의 패턴을 파악하는 것이 바로 이 능력의 예다. 어린아이가 처음에는 '1 + 1 = 2'라는 단순한 덧셈을 배우지만, 점차 복잡한 수학 문제를 풀 수 있게 되는 과정이 바로 학습 능력을 보여 주는 것이다.

둘째, 지능은 문제 해결 능력과 연관된다. 복잡한 상황을 분석하고 최선의 해결책을 찾아내는 것이 이에 해당한다. 예를 들어, 교통 체증이 심한 도로에서 가장 빠른 길을 찾아내거나, 제한된 예산으로 최고의 여행 계획을 세우는 것도 문제 해결 능력의 한 형태다.

마지막으로, 지능은 추론과 의사 결정 능력을 포함한다. 주어진 정보를 바탕으로 논리적인 결론을 도출하거나, 여러 선택지 중 가장 적절한 것을 고르는 능력이 이에 속한다. 예를 들어, 의사가 환자의 증상을 듣고 적절한 진단을 내리는 것이나, 기업의 CEO가 시장 상황을 분석해 회사의 전략을 결정하는 것도 이러한 능력의 발현이다.

AI의 역사

이러한 인간의 지능을 컴퓨터로 구현한 것이 바로 인공지능(artificial intelligence), 즉 'AI'다. AI는 컴퓨터가 인간처럼 학습하고, 문제를 해결하며, 결정을 내리도록 만드는 기술이다. 이 개념은 1956년에 처음 등장했지만, 지금까지 세 번의 큰 발전 시기를 거쳤다.

첫 번째 시기는 1950년대부터 1970년대까지다. 이때의 AI은 매우 단순했다. 마치 퍼즐을 푸는 것처럼 정해진 규칙에 따라 문제를 해결했다. 체스 게임 프로그램이 대표적인 예다. 컴퓨터는 체스의 모든 규칙을 프로그래밍해, 각 상황에서 가장 유리한 수를 선택했다. 하지만 이 시기의 AI은 새로운 상황에 적응하지 못하는 한계가 있었다. 예를 들어, 체스를 잘 두는 컴퓨터라도 바둑은 전혀 둘 수 없었다.

두 번째 시기는 1980년대부터 2000년대 초반까지다. 이때부터 AI는 데이터를 통해 학습하기 시작했다. 의료 진단이나 금융 분석 같은 분야에서 활용되기 시작했지만, 여전히 컴퓨터의 성능과 데이터의 양에 제한이 있었다. 예를 들어, 의료 분야에서는 수천 건의 진료 기록을 바탕으로 질병을 진단하는 시스템이 개발됐지만 이 시스템은 학습한 데이터에 없는 희귀 질병은 진단하지 못하는 한계가 있었다.

그리고 지금, 우리는 세 번째 AI의 시대를 살고 있다. 2000년대 이후부터 현재까지 AI는 엄청난 양의 데이터와 강력한 컴퓨터를 바탕으로 비약적인 발전을 이루고 있다. 이제 AI는 인간의 두뇌와 유사한 방식으로 학습하고 결정을 내린다. 예를 들어, 현대의 AI는 수백만 장의 사진을 학습해 새로운 이미지를 인식할 수 있고, 수많은 문장을 분석해 자연스러운 대화를 나눌 수 있다.

빅 데이터의 처리 능력

현대 AI의 가장 큰 특징은 '빅 데이터 처리 능력'이다. 이는 엄청난 양의 정보를 빠르게 분석하고, 그 속에서 의미 있는 패턴을 찾아내는 능력을 말한다. 이 능력 덕분에 AI는 다음과 같은 놀라운 일들을 해낸다.

첫째, 대규모 학습이 가능해졌다. AI는 수많은 데이터를 학습함으로써 더욱 정확한 판단을 내릴 수 있게 되었다. 예를 들어, 구글의 번역 시스템은 수십억 개의 문장을 학습해 100개 이상의 언어를 번역할 수 있게 되었다.

둘째, 실시간 분석이 가능해졌다. 빠른 속도로 데이터를 처리해 즉각적인 결과를 도출할 수 있게 되었다. 이는 자율 주행 자동차가 주행 중 실시간으로 도로 상황을 분석하고 대응하는 것과 같은 기술을 가능하게 했다.

셋째, 미래 예측 능력이 향상되었다. 과거의 방대한 데이터를 분석해 앞으로 일어날 일을 더 정확하게 예측할 수 있게 되었다. 날씨 예보의 정확도가 크게 높아진 것이 이러한 발전의 한 예다.

넷째, 개인화된 서비스가 가능해졌다. 각 개인의 데이터를 분석해 맞춤형 서비스를 제공할 수 있게 되었다. 넷플릭스나 유튜브가 각 사용자의 취향에 맞는 콘텐츠를 추천하는 것이 이에 해당한다.

마지막으로, 다양한 요소가 얽힌 복잡한 문제들을 해결할 수 있게 되었다. 예를 들어, 복잡한 단백질 구조를 예측하는 알파폴드(AlphaFold) 시스템은 생물학 분야에 혁명적인 변화를 가져왔다.

이러한 AI의 발전은 우리 사회의 여러 분야를 변화시키고 있다. 의료 분야에서는 질병을 조기에 발견하고 새로운 치료법을 개발하는 데 활용된다. 예를 들어, AI는 X-ray나 MRI 영상을 분석해 의사보다 더 정확하게 암을 진단할 수 있게 되었다. 또한 신약 개발 과정에서도 AI가 활용되어 개발 기간을 크게 단축시키고 있다.

금융 분야에서는 시장의 움직임을 분석하고 위험을 예측하는 데 사용된다. AI는 수많은 경제 지표와 뉴스 기사를 실시간으로 분석해 주식 시장의 변동을 예측하고, 개인의 재무 상황에 맞는 투자 전략을 제시한다.

또한 도시 계획, 교통 관리, 환경 보호 등 다양한 공공 분야에서도 AI가 활용되어 우리의 삶을 더욱 편리하고 안전하게 만들고 있다. 예를 들어, 스마트 시티 프로젝트에서는 AI가 교통 흐름을 최적화하고, 에너지 사용을 효율화하며, 범죄를 예방하는 데 활용된다.

AI 발전 속의 수학의 힘

그런데 여기서 한 가지 놀라운 사실이 있다. 이 모든 AI의 발전 뒤에는 '수학'이 있다는 것이다. 수학은 AI의 모든 영역에서 핵심적인 역할을 한다. 이는 마치 우리 눈에 보이지 않는 공기가 생명 유지에 필수적인 것처럼, 수학은 AI의 숨은 기반이 되는 것이다.

예를 들어, AI의 알고리즘을 개발할 때는 선형대수, 미적분, 확률론, 통계학 등의 수학 지식이 필요하다. 인공 신경망의 가중치를 조정하는 과정에서는 미분이 사용되고, 데이터의 특징을 추출하는 과정에서는 행렬 연산이 활용된다.

빅 데이터를 분석할 때는 통계학적 방법을 사용한다. 대량의 데이터에서 의미 있는 패턴을 찾아내고, 그 패턴이 우연인지 필연인지를 판단하는 데 통계학이 필수적이다.

AI 모델의 성능을 높일 때는 수학적 최적화 기법이 사용된다. 모델의 오차를 최소화하는 과정은 수학적으로 함수의 최솟값을 찾는 문제와 동일하다.

미래를 예측할 때는 확률과 통계가 중요한 역할을 한다. 과거의 데이터를 바탕으로 미래의 사건이 일어날 확률을 계산하는 것이 바로 이 분야의 핵심이다.

인공 신경망을 만들 때도 수학적 모델이 기초가 된다. 뇌의 뉴런을 모방한 인공 신경망의 구조와 작동 원리는 모두 수학적 함수로 표현된다.

더 나아가 데이터를 빠르게 처리하는 방법을 개발할 때는 알고리즘 분석이라는 수학적 개념이 필요하다. 어떤 알고리즘이 얼마나 빠르고 효율적인지를 수학적으로 분석하고 개선하는 것이다.

복잡한 데이터를 쉽게 이해할 수 있게 그림으로 나타낼 때는 기하학과 그래프 이론이 사용된다. 다차원의 데이터를 2차원이나 3차원으로 시각화하는 과정에서 이러한 수학적 지식이 활용된다.

컴퓨터가 인간의 언어를 이해하도록 만들 때도 확률론과 통계학이 광범위하게 활용된다. 단어나 문장의 의미를 파악하고 자연스러운 대화를 생성하는 과정에서 이러한 수학적 도구들이 사용된다.

이처럼 수학은 AI의 모든 단계에서 필수적인 역할을 한다. 복잡한 데이터를 효과적으로 분석하고 의미 있는 결과를 얻어 내는 데 수학이 꼭 필요하다. 따라서 AI 분야에서 연구하려면 수학적 개념을 이해하고 응용할 수 있는 능력이 반드시 필요하다. 이는 마치 요리사에게 재료에 대한 지식이 필수적인 것과 같다. 아무리 좋은 재료가 있어도 그것을 다루는 방법을 모른다면 맛있는 요리를 만들 수 없는 것처럼, 아무리 좋은 데이터와 컴퓨터가 있어도 그것을 다루는 수학적 지식이 없다면 좋은 AI을 만들 수 없다.

참고문헌

Bishop, C. M.(2006). *Pattern recognition and machine learning.* Springer.

Goodfellow, I., et al.(2016). *Deep learning.* MIT Press.

Hastie, T., et al.(2009). *The elements of statistical learning: Data mining, inference, and prediction* (2nd ed.). Springer.

Mitchell, T. M. (1997). *Machine learning.* McGraw Hill.

Murphy, K. P.(2012). *Machine learning: A probabilistic perspective.* MIT Press.

Russell, S., & Norvig, P.(2020). *Artificial intelligence: A modern approach* (4th ed.). Pearson.

Strang, G.(2019). *Linear algebra and learning from data.* Wellesley-Cambridge Press.

Sutton, R. S., & Barto, A. G. (2018). *Reinforcement learning: An introduction* (2nd ed.). MIT Press.

02
문제 해결사: 알고리즘의 힘

알고리즘은 문제 해결의 핵심이며, AI에서 중요한 역할을 한다. 특히, 수학 분야의 선형대수, 미적분, 확률론 등이 AI 알고리즘에 활용되며, 음악 추천 시스템 같은 실제 응용에서 이들의 조화를 볼 수 있다. 알고리즘 효율성은 빅오 표기법으로 나타내며, 기계 학습 최적화, 컴퓨터 비전, 자연어 처리 등 AI 전 영역에서 수학은 중요한 역할을 하고 있다.

AI와 MBTI?

AI의 심장: 알고리즘과 수학의 상호 작용

우리의 일상은 끊임없는 문제 해결의 연속이다. 아침에 눈을 뜨는 순간부터 잠자리에 들 때까지, 우리는 크고 작은 수많은 문제에 직면한다. 출근길에 가장 빠른 경로를 찾는 것, 업무 중 발생하는 다양한 의사 결정, 저녁 식사 메뉴를 고르는 것까지 모든 것이 '문제'라고 할 수 있다. 이러한 일상적인 문제부터 복잡한 과학적 난제에 이르기까지, 우리는 항상 최적의 해결책을 찾으려 노력한다. 그렇다면 이러한 문제들을 어떻게 효과적으로 해결할 수 있을까? 여기서 등장하는 것이 바로 '알고리즘'이다.

알고리즘이란 무엇일까? 간단히 말해, 알고리즘은 문제를 해결하기 위한 명확하고 체계적인 단계별 절차다. 일상생활에서 가장 친숙한 알고리즘의 예로 요리 레시피를 들 수 있다. 재료 준비부터 시작해 각 조리 과정, 그리고 최종적인 플레이팅(plating)까지 모든 단계가 순서대로 상세히 나열되어 있다. 이처럼 알고리즘은 복잡한 문제를 작은 단계들로 분해하고, 각 단계를 순차적으로 수행함으로써 최종 목표에 도달하게 해 준다.

인공지능(AI) 분야에서 알고리즘은 더욱 중요한 의미를 갖는다. AI가 수행하는 모든 작업–이미지 인식, 자연어 처리, 게임 플레이, 추천 시스템 등–은 복잡하고 정교한 알고리즘을 기반으로 한다. 이러한 알고리즘들은 단순히 순차적인 단계를 나열하는 것을 넘어, 데이터로부터 학습하고, 패턴을 인식하며, 예측을 수행하는 등의 고도화된 기능을 수행한다. 그리고 이 모든 알고리즘의 근간에는 수학이 있다.

수학은 알고리즘의 언어이자 논리다. 알고리즘이 AI의 두뇌라면, 수학은 그 두뇌의 사고방식과 표현 방법이라고 할 수 있다. 따라서 AI의 작동 원리를 깊이 이해하고 더 발전된 시스템을 구축하기 위해서는 알고리즘과 수학의 연결 고리를 파악하는 것이 필수적이다.

수학의 다양한 분야들은 AI 알고리즘의 설계와 구현에 직접적으로 관여한다. 예를 들어, 선형대수학은 데이터 표현과 변환에 사용되며, 미적분학은 학습 과정에서의 최적화에 적용된다. 확률론과 통계학은 불확실성을 다루는 데 필수적이며, 정보 이론은 효율적인 데이터 처리의 기반이 된다. 이제 각 수학 분야가 AI 알고리즘에 어떻게 적용되는지 더 자세히 살펴보며 수학과 알고리즘의 깊은 연관성을 탐구해 보도록 하자.

논리와 추론

수학의 가장 기본적인 요소는 논리적 사고다. "만약 A라면, B이다"와 같은 명제는 알고리즘의 조건문과 직접적으로 연결된다. 이는 AI 시스템의 의사 결정 과정에서 핵심적인 역할을 한다. 예를 들어, 체스 AI에서 "만약 상대방의 킹이 체크 상태라면, 공격을 계속한다"와 같은 로직(logic)을 구현할 수 있다. 더 복잡한 예로, 자율 주행 차량의 AI는 "만약 전방에 보행자가 감지되고, 차량의 현재 속도가 X km/h 이상이라면, 즉시 제동을 시작한다"와 같은 복잡한 조건문을 사용해 안전한 주행을 구현한다.

함수와 매핑

수학의 함수 개념은 입력값을 출력값으로 변환하는 과정을 설명한다. 이는 알고리즘에서 데이터 처리의 기본 원리와 일치한다. AI 시스템은 본질적으로 복잡한 함수로 볼 수 있다. 예를 들어, 얼굴 인식 AI는 이미지(입력)를 받아 개인의 신원(출력)을 반환하는 복잡한 함수로 볼 수 있다. 음성 인식 시스템은 음성 신호(입력)를 텍스트(출력)로 변환하는 함수다. 이러한 함수들은 수많은 매개 변수를 가진 복잡한 수학적 모델로 구현되며, 머신러닝 과정을 통해 이 매개 변수들이 최적화된다.

최적화

많은 실생활 문제는 '최적의' 해답을 찾는 것이 목표다. 수학의 최적화 이론은 이런 문제를 해결하는 데 핵심적이다. AI 알고리즘에서 최적화는 두 가지 주요 측면에서 적용된다. 첫째, 알고리즘 자체의 성능을 최적화하는 것이다. 예를 들어, 내비게이션 앱의 AI는 선형 프로그래밍이라는 수학적 기법을 사용해 최단 경로를 찾는다. 둘째, 머신러닝 모델의 학습 과정에서 최적화가 사용된다. 예를 들어, 신경망의 가중치를 조정하는 과정은 복잡한 최적화 문제로 볼 수 있으며, 경사 하강법(gradient descent, SGD)과 같은 최적화 알고리즘이 사용된다.

확률과 통계

불확실성을 다루는 것은 AI의 중요한 과제다. 실제 세계의 많은 현상들은 확률적인 특성을 가지고 있으며, AI 시스템은 이러한 불확실성을 효과적으로 다룰 수 있어야 한다. 확률론과 통계학은 이런 불확실성을 모델링하고 예측하는 데 필수적이다. 예를 들어, 스팸 메일 필터링 AI는 베이즈 정리라는 확률 개념을 활용해 메시지가 스팸일 확률을 계산한다. 날씨 예측 AI는 과거의 기상 데이터를 통계적으로 분석해 미래의 날씨를 확률적으로 예측한다. 강화 학습 알고리즘에서는 마르코프 결정 과정(Markov decision process)이라는 확률적 모델이 사용되어 불확실한 환경에서의 의사 결정을 모델링한다.

선형대수

행렬과 벡터를 다루는 선형대수학은 현대 AI, 특히 딥러닝의 근간이 된다. 대량의 데이터를 효율적으로 처리하고 복잡한 패턴을 인식하는 데 필수적이다. 예를 들어, 이미지 분류 AI는 픽셀 데이터를 거대한 행렬로 표현하고 이를 조작해 특징을 추출한다. 자연어 처리(natural language processing, NLP)에서는 단어나 문장을 벡터로 표현하는 임베딩(embedding) 기술이 사용되며, 이는 선형대수학을 기반으로 한다. 추천 시스템에서는 사용자-아이템 간의 관계를 행렬로 표현하고, 행렬 분해(matrix factorization) 기법을 통해 추천을 수행한다.

이처럼 수학은 AI 알고리즘의 모든 측면에 깊이 관여하고 있다. 수학적 개념과 도구들은 AI 시스템이 복잡한 문제를 해결하고, 데이터로부터 의미 있는 패턴을 추출하며, 불확실한 상황에서 최적의 결정을 내리는 데 필수적인 역할을 한다. 따라서 AI 기술을 더욱 발전시키고 새로운 혁신을 이루기 위해서는 수학과 알고리즘의 긴밀한 관계를 이해하고, 이를 바탕으로 창의적인 해결책을 모색하는 것이 중요하다. 수학은 단순히 AI의 도구가 아니라, AI의 사고방식과 문제 해결 능력을 형성하는 근본적인 언어인 것이다.

알고리즘의 효율성

AI 시스템은 다양한 수학적 개념과 알고리즘이 유기적으로 결합된 복잡한 구조를 가진다. 이 시스템에서는 데이터의 특성, 계산 효율성, 정확도 등을 고려해 적절한 수학적 도구와 알고리즘을 선택한다. 이 과정에서 가장 중요하게 고려되는 요소 중 하나가 바로 알고리즘의 효율성이다.

알고리즘의 효율성은 주로 빅오 표기법 O(n)으로 표현된다. 이는 입력 데이터의 크기(n)에 따른 알고리즘의 실행 시간 증가율을 나타낸다. 빅오 표기법의 예를 들면, O(1)은 상수 시간, O(n)은 선형 시간, O(log n)은 로그 시간, $O(n^2)$은 제곱 시간을 의미한다. 빅오 표기법의 예에 따른 현장 사례를 살펴보자.

O(1) - 상수 시간은 데이터 크기와 관계없이 항상 일정한 시간이 소요된다. 책장에서 책의 위치를 정확히 아

는 경우에 "파란 책은 세 번째 칸 왼쪽에 있다"처럼 책 수와 관계없이 즉시 찾을 수 있다.

O(n) - 선형 시간은 데이터 크기에 비례해 실행 시간이 증가한다. 책장에서 책을 순서대로 하나씩 확인하는 방식이다. 100권이면 최대 100번, 1000권이면 최대 1000번 확인이 필요하다.

O(log n) - 로그 시간은 이진 검색과 유사하다. 데이터 크기가 두 배로 증가할 때마다 한 단계의 처리만 추가된다. 정렬된 책에서 이진 탐색으로 책을 찾는 경우 정렬된 책에서 중간부터 시작해 반씩 줄여 가며 찾는다. 1000권이면 약 10번의 확인으로 충분하다.

$O(n^2)$ - 제곱 시간은 데이터 크기의 제곱에 비례해 실행 시간이 증가한다. 책장의 모든 책을 서로 비교하는 경우다. 100권이면 약 10,000번의 비교가 필요하다.

이러한 효율성 개념은 AI 알고리즘 설계와 선택에 중요한 역할을 한다. 특히 대규모 데이터를 다루는 AI 시스템에서는 효율적인 알고리즘의 사용이 필수적이며, 이는 시스템의 성능과 실용성을 결정짓는 핵심 요소가 된다.

참고문헌

Cormen, T. H., et al.(2009). *Introduction to algorithms* (3rd ed.).

MIT Press.

Goodfellow, I., et al.(2016). *Deep learning.* MIT Press.

Hastie, T., et al.(2009). *The elements of statistical learning: Data mining, inference, and prediction* (2nd ed.). Springer.

Knuth, D. E.(1997). *The art of computer programming, volume 1: Fundamental algorithms* (3rd ed.). Addison-Wesley Professional.

Murphy, K. P.(2012). *Machine learning: A probabilistic perspective.* MIT Press.

Russell, S., & Norvig, P.(2020). *Artificial intelligence: A modern approach* (4th ed.). Pearson.

Sedgewick, R., & Wayne, K.(2011). *Algorithms* (4th ed.). Addison-Wesley Professional.

Strang, G.(2019). *Linear algebra and learning from data.* Wellesley-Cambridge Press.

03
숫자로 보는 세상: 데이터의 힘

21세기 AI 시대에서 데이터의 중요성을 아무리 강조해도 지나치지 않다. 그 데이터에서의 수학은 방대한 데이터를 의미 있는 정보로 변환하는 데 기여하고 있다. 특히 소리, 이미지, 동영상과 같은 복잡한 빅 데이터의 처리와 분석 과정에서 수학의 역할이 두드러진다. 전자 상거래, 의료 영상 진단, 자율 주행 등 실제 사례를 통해 데이터와 수학이 현실 세계의 문제를 어떻게 해결하는지 보여 준다.

AI와 난임 극복?

데이터와 수학: 21세기의 나침반

우리가 살아가는 세상은 끊임없이 데이터를 생성하고 있다. 스마트폰으로 찍은 사진, SNS에 올린 글, 온라인 쇼핑 기록, 교통 카드 사용 내역 등 모든 것이 데이터가 된다. 이런 방대한 양의 데이터는 21세기의 새로운 석유라고 불린다. 하지만 원유가 정제 과정을 거쳐야 유용한 연료가 되듯이, 데이터도 적절한 처리 과정을 거쳐야 가치 있는 정보가 된다. 이 과정에서 수학은 핵심적인 도구로 작용한다.

데이터를 다루는 과정은 마치 복잡한 퍼즐을 풀어 나가는 것과 같다. 우리 주변의 현상을 숫자와 패턴으로 해석하고, 그 속에서 의미 있는 인사이트를 발견해 내는 여정이다. 이 여정에서 수학은 우리의 나침반이자 지도가 된다.

대규모 소비자 데이터를 분석할 때 우리는 통계학의 도움을 받는다. 평균, 중앙값, 표준 편차 같은 개념들은 단순한 숫자의 나열에서 전체적인 경향과 특이점을 발견하게 해 준다. 이는 마치 숲속에서 나무들의 평균 높이를 측정함으로써 그 숲의 전반적인 건강 상태를 가늠하는 것과 비슷하다.

복잡한 현상을 이해하기 위해 우리는 선형대수학을

활용한다. 수많은 변수들 간의 관계를 행렬로 표현하고 조작함으로써 우리는 고차원의 데이터를 다룰 수 있게 된다. 이는 마치 여러 겹으로 얽힌 실타래를 한 번에 풀어내는 마법의 도구와도 같다.

확률론은 불확실성을 다루는 우리의 든든한 조력자다. 미래의 사건을 예측하거나 불완전한 정보에서 최선의 결정을 내릴 때, 확률론은 우리에게 합리적인 판단의 근거를 제공한다. 이는 마치 안개 낀 길을 헤쳐 나갈 때 우리가 의지하는 등대의 빛과도 같다.

기술통계학은 데이터의 기본적인 특성을 파악하는 데 사용된다. 예를 들어, 한 도시의 일일 교통량 데이터가 있다고 가정해 보자. 평균을 통해 우리는 일반적인 교통 흐름을 파악할 수 있고, 중앙값은 극단적인 값들의 영향을 받지 않는 '전형적인' 날의 교통량을 알려준다. 표준편차는 교통량의 변동성을 나타내어, 도로 계획이나 교통 정책 수립에 중요한 정보를 제공한다.

상관관계와 회귀 분석은 변수 간의 관계를 파악하고 예측하는 데 사용된다. 예를 들어, 광고 지출과 매출 사이의 관계를 분석할 때 이 도구들이 활용된다. 상관 계수는 두 변수가 얼마나 밀접하게 연관되어 있는지를 보여주며, 회귀 분석은 이 관계를 수학적 모델로 표현해 미래

매출을 예측하는 데 도움을 준다.

더 복잡한 패턴을 찾아내기 위해 우리는 머신러닝 알고리즘을 사용한다. 이는 고급 통계와 최적화 이론이 결합된 형태로, 데이터에서 숨겨진 구조를 발견하고 학습한다. 예를 들어, 고객 데이터를 분석해 비슷한 특성을 가진 그룹으로 나누는 군집 분석이나, 과거 데이터를 바탕으로 미래의 주가를 예측하는 시계열 분석 등이 여기에 해당한다.

빅 데이터 시대에 들어서면서 우리는 차원의 저주라는 새로운 도전에 직면하게 되었다. 이는 데이터의 차원(즉, 변수의 수)이 증가할수록 분석이 어려워지는 현상을 말한다. 이를 극복하기 위해 우리는 차원 축소 기법을 사용한다. 주성분 분석(PCA)이나 t-SNE와 같은 방법들은 고차원의 데이터를 저차원으로 압축하면서도 중요한 정보는 보존하는 놀라운 능력을 보여 준다.

도서 추천 시스템의 사례를 보면, 작은 도서관에서 1000권의 책을 보유하고 있다. 각 책은 하나의 차원으로, 독자의 취향을 1000차원 공간에서 표현해야 한다. PCA를 사용해 10개의 주요 '책 특성'으로 축소한 뒤 각 책을 '로맨스', '모험', '과학' 등의 10가지 특성으로만 표현해 추천이 간단해진다.

데이터의 불확실성을 다루기 위해 베이지안 통계를 활용한다. 이는 우리의 사전 지식과 새로운 데이터를 결합해 더 나은 추론을 가능케 한다. 예를 들어, 의학 진단이나 기후 변화 예측과 같이 불확실성이 큰 분야에서 베이지안 접근법은 매우 유용하다.

데이터의 힘: 현실 세계의 문제 해결

수학의 힘은 우리 일상 곳곳에서 찾아볼 수 있다. 전자상거래 기업들은 방대한 양의 고객 데이터를 수집한다. 여기에는 과거 구매 내역, 검색 기록, 페이지 체류 시간 등이 포함된다. 이 데이터는 그 자체로는 단순한 숫자의 나열에 불과하지만, 여기에 수학적 도구를 적용하면 놀라운 일이 벌어진다.

군집 분석이라는 기법을 사용해 비슷한 구매 패턴을 가진 고객들을 그룹화한다. 이는 다차원 공간에서 점들의 거리를 계산하는 선형대수학을 기반으로 한다. 그 다음, 협업 필터링이라는 알고리즘을 적용해 "당신과 비슷한 고객들이 구매한 상품"을 추천한다. 이 과정에서는 행렬 분해와 같은 복잡한 수학적 연산이 이루어진다.

시계열 분석을 통해 개별 고객의 구매 주기를 예측한다. 예를 들어, 3개월마다 세제를 구매하는 패턴이 발견

되면, 다음 구매 시기가 다가올 때 적절한 프로모션을 제공할 수 있다. 이는 푸리에 변환(Fourier transform)과 같은 고급 수학적 기법을 활용한 결과다.

이러한 방식으로, 수학은 단순한 구매 기록을 개인화된 쇼핑 경험으로 변환한다. 고객은 자신의 취향에 맞는 상품을 더 쉽게 발견할 수 있고, 기업은 매출 증대와 고객 만족도 향상이라는 두 마리 토끼를 잡을 수 있다.

수학이 데이터를 통해 실제 세계의 문제를 해결하는 힘은 실로 놀랍다. 그러나 이러한 수학적 도구들을 적용하기 위해서는 먼저 현실 세계의 다양한 정보들을 컴퓨터가 이해할 수 있는 형태로 변환해야 한다. 이는 특히 소리, 이미지, 동영상과 같은 복잡한 데이터 형태에서 더욱 중요한 과정이다.

소리의 경우, 우리가 듣는 소리는 사실 공기의 진동이다. 이를 디지털 데이터로 변환하기 위해 우리는 푸리에 변환이라는 수학적 도구를 사용한다. 이 과정에서 연속적인 소리 파형은 이산적인 주파수 성분들의 조합으로 표현되며, 음성 인식 시스템은 이렇게 변환된 데이터를 분석해 특정 단어나 문장을 식별한다.

디지털 이미지는 픽셀이라는 작은 점들의 집합으로 표현된다. 각 픽셀은 색상 정보를 담고 있으며, 이는 보통 RGB(빨강, 초록, 파랑) 값의 조합으로 나타낸다. 하나의 이미지는 사실상 3차원 숫자 배열(또는 텐서)로 변환이 된다. 이렇게 변환된 데이터는 합성곱 신경망(CNN)과 같은 딥러닝 알고리즘의 입력으로 사용되어 이미지 분류, 객체 탐지 등의 작업을 수행한다.

동영상은 본질적으로 시간에 따른 이미지의 연속이다. 따라서 이미지 변환 과정에 시간이라는 차원이 추가되어 4차원 텐서로 표현될 수 있다. 여기에 광학 흐름(optical flow) 계산과 같은 추가적인 수학적 처리가 더해져 동작을 인식하거나 예측하는 데 사용된다.

이러한 변환 과정은 단순히 데이터 형식을 바꾸는 것 이상의 의미를 갖는다. 이는 실제 세계의 복잡한 현상을 컴퓨터가 처리할 수 있는 수학적 구조로 재구성하는 과정이다. 예를 들어, 의료 영상 진단 시스템은 MRI나 CT 스캔 이미지를 이러한 방식으로 처리해 종양을 탐지하거나 질병의 진행 정도를 평가한다.

자율 주행 자동차는 카메라, 라이다(LiDAR), 레이더 등 다양한 센서에서 얻은 데이터를 실시간으로 처리한다. 이 과정에서 이미지 처리, 거리 계산, 물체 인식 등 다양한 수학적 알고리즘이 동시에 적용되어 차량의 안전한 주행을 가능하게 한다.

이처럼 현실 세계의 다양한 정보들을 수학적 구조로 변환하는 과정은 빅 데이터 시대의 핵심 기술이다. 이를 통해 우리는 인간의 감각으로 직접 처리하기 어려운 방대한 양의 정보를 컴퓨터의 도움을 받아 분석하고, 그로부터 의미 있는 통찰을 얻을 수 있게 되었다. 이는 의료 분야에서의 질병 예측, 금융권의 위험 관리, 도시 계획에서의 교통 흐름 최적화 등 우리 삶의 다양한 영역에서 데이터의 힘을 극대화하고 있다.

참고문헌

Bishop, C. M.(2006). *Pattern recognition and machine learning.* Springer.

Goodfellow, I., et al.(2016). *Deep learning.* MIT Press.

Hastie, T., et al.(2009). *The elements of statistical learning: Data mining, inference, and prediction* (2nd ed.). Springer.

James, G., et al.(2013). *An introduction to statistical learning.* Springer.

Kuhn, M., & Johnson, K.(2013). *Applied predictive modeling.* Springer.

Murphy, K. P.(2012). *Machine learning: A probabilistic perspective.* MIT Press.

Provost, F., & Fawcett, T.(2013). *Data science for business.* O'Reilly Media.

Siegel, E.(2016). *Predictive analytics: The power to predict who will click, buy, lie, or die.* Wiley.

Wasserman, L.(2004). *All of statistics: A concise course in statistical inference.* Springer.

Wickham, H., & Grolemund, G.(2016). *R for data science: Import, tidy, transform, visualize, and model data.* O'Reilly Media.

04
패턴의 발견과 컴퓨터 비전의 마법

패턴 발견과 컴퓨터 비전은 현대 인공지능의 핵심 기술이다. 기계 학습을 통해 컴퓨터는 빅데이터에서 패턴을 찾아내고, 이를 바탕으로 예측과 의사 결정을 수행한다. 컴퓨터 비전은 이미지와 영상을 이해하는 기술로, 얼굴 인식 · 의료 영상 분석 · 자율 주행 등 다양한 분야에 응용된다. 이러한 기술들은 수학적 원리를 기반으로 하며, 우리의 삶을 크게 변화시킬 것으로 예상된다.

AI와 사주?

패턴 발견: 기계 학습의 핵심

우리의 눈은 세상을 바라보며 끊임없이 패턴을 찾아낸다. 얼굴을 인식하고, 글자를 읽으며, 도로 상황을 파악하는 등 일상적인 활동들은 모두 패턴 인식의 결과다. 이러한 인간의 능력을 기계에 구현하려는 노력이 바로 컴퓨터 비전과 기계 학습의 핵심이다.

기계 학습은 컴퓨터가 데이터로부터 스스로 학습하는 과정이다. 마치 어린아이가 세상을 경험하며 배우듯, 컴퓨터도 데이터를 통해 패턴을 발견하고 의미를 추출한다. 이 과정에서 수학, 특히 통계학과 확률론이 중요한 역할을 한다.

빅 데이터는 기계 학습의 핵심 연료다. 온라인 쇼핑몰의 구매 기록, SNS의 게시물, 의료 데이터 등 방대한 양의 정보가 빅 데이터를 구성한다. 컴퓨터는 이런 데이터를 분석해 숨겨진 패턴을 찾아낸다. 예를 들어, "이 상품을 구매한 사람들이 함께 구매한 상품" 추천 기능은 구매 패턴을 분석한 결과다.

통계와 확률은 기계 학습에서 매우 중요하다. 평균과 표준 편차 같은 통계적 개념으로 데이터의 특성을 파악하고, 베이즈 정리와 같은 확률 이론으로 새로운 정보에 따른 예측을 수행한다. 학생들의 키를 측정한 데이터로 평균 키를 계산하고, 이를 바탕으로 아직 측정하지 않은 학생의 키를 예측하는 것이 간단한 예다.

패턴 발견은 단순한 수치 데이터뿐만 아니라 이미지나 음성 같은 복잡한 데이터에도 적용된다. 이미지에서 의미 있는 특징을 추출하고, 음성에서 단어를 인식하는 과정 모두 패턴 발견의 응용이다. 이를 위해 딥러닝과 같은 고급 기계 학습 기술이 사용된다.

기계 학습 알고리즘은 크게 지도 학습, 비지도 학습, 강화 학습으로 나뉜다. 지도 학습은 정답이 주어진 데이터로 학습해 새로운 데이터의 결과를 예측한다. 비지도 학습은 정답 없이 데이터의 구조와 패턴을 스스로 발견한다. 강화 학습은 환경과 상호 작용하며 보상을 최대화하는 방향으로 학습한다.

패턴 발견의 과정은 특징 추출, 모델 학습, 예측의 단계로 이루어진다. 특징 추출 단계에서는 원시 데이터에서 중요한 정보를 뽑아낸다. 모델 학습 단계에서는 추출된 특징을 바탕으로 패턴을 학습한다. 예측 단계에서는 학습된 모델을 사용해 새로운 데이터에 대한 결과를 예측한다. 패턴 발견 과정을 이해하기 쉽게 설명하기 위해 과일 분류 과정에 적용해 보자. 우선 처음으로 특징 추출 단계에서 과일을 분류하자. 원시 데이터는 각 과일이며,

과일의 중요한 특징을 추출한다. 색상(빨강, 노랑, 초록 등), 크기(작음, 중간, 큼), 모양(둥근형, 긴형 등), 표면 질감(매끄러움, 거침 등)으로 특징을 뽑아낸다. 두 번째 모델 학습 단계에서는 이 특징들을 바탕으로 패턴을 학습한다. 빨간색 · 중간 크기 · 둥근형 · 매끄러운 표면이면 사과, 노란색 · 긴형 · 매끄러운 표면이면 바나나, 주황색 · 둥근형 · 약간 거친 표면이면 오렌지로 학습한다.

마지막으로 예측 단계에서는 새로운 과일이 들어오면, 학습한 모델을 사용해 과일을 분류하게 된다. 빨간색 · 중간 크기 · 둥근형 · 매끄러운 표면의 새 과일이 들어오면 사과로 예측하고, 노란색 · 긴형 · 매끄러운 표면의 새 과일이 들어오면 바나나로 예측하는 등 학습한 내용에 근거해 예측을 한다. 이렇게 특징 추출, 모델 학습, 예측의 단계를 거쳐 새로운 과일을 정확하게 분류할 수 있게 된다. 컴퓨터도 이와 유사한 과정을 통해 데이터의 패턴을 발견하고 예측을 수행한다.

기계 학습의 성능은 데이터의 양과 질에 크게 의존한다. 더 많은 고품질 데이터가 제공될수록 모델은 더 정확한 패턴을 발견하고 더 나은 예측을 수행한다. 따라서 데이터의 수집과 전처리 과정도 매우 중요하다.

패턴 발견 기술은 다양한 분야에 응용된다. 의료 분야

에서는 X-ray나 MRI 영상에서 질병의 패턴을 발견해 진단을 돕는다. 금융 분야에서는 거래 데이터의 패턴을 분석해 사기를 탐지하거나 주가를 예측한다. 자연어 처리 분야에서는 텍스트의 패턴을 학습해 번역이나 요약 같은 작업을 수행한다.

컴퓨터 비전: 기계의 눈

컴퓨터 비전은 기계 학습의 흥미로운 응용 분야로, 컴퓨터가 이미지나 비디오를 '이해'하게 만드는 기술이다. 우리의 눈이 보는 것을 뇌가 해석하듯, 컴퓨터도 카메라로 찍은 이미지를 분석하고 이해한다. 이 과정에서 수학, 특히 선형대수학이 핵심적인 역할을 한다.

디지털 이미지는 사실 숫자의 배열이다. 각 픽셀은 색상을 나타내는 숫자 값을 가진다. 이는 수학적으로 행렬로 표현되며, 컴퓨터는 이 행렬을 분석해 이미지의 내용을 파악한다. 행렬 연산은 이미지 처리의 기본이 되며, 이는 선형대수학의 핵심 개념이다.

얼굴 인식 기술은 컴퓨터 비전의 대표적인 예시다. 컴퓨터는 수많은 얼굴 이미지를 학습해 눈, 코, 입의 위치 관계나 특징적인 패턴을 파악한다. 이 과정에서 통계학과 확률론이 중요하게 사용된다. 새로운 이미지가 주어지면, 이미 학습한 패턴과 얼마나 일치하는지 계산해 얼굴인지 판단하고, 누구의 얼굴인지 식별한다. 이 과정에서도 계산에는 벡터 간 거리 계산이나 코사인 유사도 같은 수학적 개념이 사용된다.

컴퓨터 비전의 기본 과정은 이미지 전처리, 특징 추출, 패턴 인식의 단계로 이루어진다. 이미지 전처리 단계에서는 노이즈 제거, 밝기 조정 등을 수행한다. 이 과정에서 푸리에 변환이나 웨이블릿 변환(wavelet transform) 같은 수학적 도구가 사용된다. 특징 추출 단계에서는 이미지에서 중요한 정보를 뽑아내는데, 이는 미분 연산을 기반으로 한 에지 검출 등의 기법을 사용한다. 패턴 인식 단계에서는 추출된 특징을 바탕으로 이미지의 내용을 판단하는데, 여기서 머신러닝 알고리즘이 사용되며 이는 최적화 이론과 깊은 관련이 있다.

컴퓨터 비전에서 사용되는 주요 기술로는 합성곱 신경망(CNN)이 있다. CNN은 이미지의 지역적 특징을 효과적으로 학습할 수 있어 이미지 분류, 객체 탐지 등에서 뛰어난 성능을 보인다. CNN의 핵심인 합성곱 연산은 수학적으로 행렬의 내적 연산으로 표현된다. 또한 영역 제안 네트워크(RPN)를 이용한 객체 탐지 기술인 YOLO, Faster R-CNN 등도 널리 사용되는데, 이들 모두 복잡한 수학적 모델을 기반으로 한다.

이미지 분할은 컴퓨터 비전의 또 다른 중요한 과제다. 이는 이미지의 각 픽셀을 의미 있는 영역으로 나누는 작업이다. 이 과정에서 클러스터링 알고리즘이나 그래프 이론 같은 수학적 개념이 사용된다. 의료 영상에서 종양을 정확히 구분하거나, 자율 주행 자동차가 도로와 보행자를 구분하는 데 이 기술이 사용된다.

컴퓨터 비전 기술은 다양한 분야에 응용된다. 의료 분야에서는 X-ray나 MRI 영상을 분석해 질병을 진단하는 데 도움을 준다. 이 과정에서 이미지 처리와 패턴 인식 기술이 사용되며, 이는 모두 수학을 기반으로 한다. 보안 분야에서는 CCTV 영상을 실시간으로 분석해 이상 행동을 감지한다. 이는 시계열 분석과 패턴 인식 기술을 결합한 것으로, 통계학과 기계 학습 이론이 핵심이 된다. 자율 주행 기술에서는 카메라로 촬영한 도로 영상을 분석해 주행 환경을 파악한다. 이 과정에서 3D 복원 기술이 사용되는데, 이는 투영기하학과 최적화 이론을 기반으로 한다.

증강 현실(AR)과 가상 현실(VR) 기술도 컴퓨터 비전을 기반으로 한다. AR은 실제 환경에 가상 객체를 겹쳐 보여 주는데, 이를 위해 실제 환경을 정확히 인식하고 분석해야 한다. 이 과정에서 3D 공간 인식과 물체 추적 기술이 사용되며, 이는 기하학과 운동학을 기반으로 한다. VR은 완전한 가상 환경을 만들어 내는데, 사용자의 움직임을 정확히 추적하고 반영하기 위해 컴퓨터 비전 기술이 사용된다. 이 과정에서 센서 데이터의 융합과 3D 모델링 기술이 사용되며, 이는 선형대수학과 미적분학을 기반으로 한다.

컴퓨터 비전의 발전은 인공지능 기술의 발전과 밀접하게 연관되어 있다. 딥러닝 기술의 발전으로 컴퓨터 비전의 성능은 비약적으로 향상되었다. 특히 대규모 이미지 데이터 세트과 강력한 GPU의 등장으로, 매우 복잡하고 정교한 모델의 학습이 가능해졌다. 이 과정에서 확률론, 최적화 이론, 정보 이론 등 다양한 수학 분야가 핵심적인 역할을 한다.

참고문헌

Brunette, E. S., et al.(2009). A review of artificial intelligence. In *4th International Conference on Autonomous Robots and Agents* (pp. 385-392). IEEE.

Goodfellow, I., et al.(2016). *Deep learning*. MIT press.

LeCun, Y., Bengio, Y., & Hinton, G.(2015). Deep learning. *Nature*, 521(7553), pp.436-444.

Murphy, K. P.(2012). *Machine learning: A probabilistic perspective.* MIT press.

Szeliski, R.(2010). *Computer vision: Algorithms and applications.* Springer.

05
인공지능의 실현: 신경망과 딥러닝

인공지능의 핵심 기술인 신경망과 딥러닝은 인간 뇌의 구조를 모방한 시스템이다. 입력층, 은닉층, 출력층으로 구성된 신경망은 역전파 알고리즘을 통해 학습한다. 딥러닝은 다층 구조로 복잡한 패턴을 인식하며, 음성 인식, 자동 번역, 추천 시스템 등 다양한 분야에 응용된다. 수학적 기반을 토대로 발전하는 이 기술은 한계 극복을 위한 새로운 접근법들로 계속 진화하고 있다.

AI와 아이돌?

신경망의 구조와 작동 원리

인간의 뇌는 경이로운 정보 처리 시스템이다. 약 860억 개의 뉴런이 서로 연결된 거대한 네트워크를 통해 매 순간 엄청난 양의 정보를 처리한다. 각 뉴런은 다른 뉴런으로부터 전기 신호를 받아들이고, 이 신호가 일정 수준을 넘으면 다시 다른 뉴런으로 신호를 전달한다. 이러한 과정을 통해 정보가 처리되고 저장된다.

인공 신경망은 이러한 뇌의 구조와 작동 원리를 본떠 만든 컴퓨터 시스템이다. 수학적으로 보면, 인공 신경망은 복잡한 비선형 함수를 근사하는 모델이라고 할 수 있다. 인공 뉴런(노드)들이 서로 연결되어 네트워크를 이루고, 입력된 데이터를 처리해 출력을 만들어 낸다.

인공 신경망의 기본 구조는 크게 입력층, 은닉층, 출력층의 3개 층으로 구성된다. 입력층은 데이터가 처음 들어오는 곳이다. 예를 들어, 이미지 인식에서 입력층은 픽셀 값을 받는다. 이때 각 픽셀 값은 벡터의 요소로 표현된다. 은닉층은 데이터의 중간 처리를 수행한다. 네트워크에는 여러 개의 은닉층이 있을 수 있으며, 각 층은 입력을 보다 추상적인 표현으로 변환한다. 이 과정은 수학적으로 비선형 변환의 연속으로 볼 수 있다. 출력층은 최종 결과를 내보내는 곳이다. 예를 들어, 이미지를 분류할 때 고양이나 개로 분류하는 최종 출력을 생성한다.

각 층의 뉴런들은 가중치(weight)로 연결되어 있다. 이 가중치들은 행렬로 표현될 수 있으며, 신경망의 연산은 본질적으로 행렬 곱셈과 비선형 함수의 적용이다. 입력된 데이터는 이 가중치들을 거치면서 변형되고, 최종적으로 원하는 출력을 만들어 낸다. 예를 들어, 손 글씨 숫자를 인식하는 신경망에서는 입력층에 이미지의 각 픽셀 정보가 들어가고, 은닉층에서는 이 정보를 조합해 선, 곡선, 각도 등의 특징을 추출한다. 이 과정은 수학적으로 고차원 공간에서의 특징 추출로 볼 수 있다. 출력층에서는 이러한 특징들을 종합해 최종적으로 어떤 숫자인지 판단한다.

인공 신경망의 학습 과정에서 핵심이 되는 것은 '역전파(backpropagation)' 알고리즘이다. 이는 미분의 연쇄법칙을 기반으로 한다. 인공 신경망의 학습 과정은 다음과 같다. 먼저, 인공 신경망에 입력 데이터를 넣고 출력을 얻는다. 그다음, 이 출력과 실제 정답 사이의 오차를 계산한다. 이 오차를 최소화하는 것이 학습의 목표이며, 이는 수학적으로 최적화 문제로 볼 수 있다. 오차를 출력층에서 입력층 방향으로 역으로 전파하면서 각 연결의 가중치를 조금씩 수정한다. 이 과정을 많은 데이터에 대해 반복한다. 이렇게 하면 인공 신경망은 점점 더 정확한 예측을 할 수 있게 된다.

딥러닝은 여러 개의 은닉층을 가진 깊은(deep) 인공 신경망을 사용하는 기계 학습이다. 이를 통해 더 복잡하고 추상적인 특징들을 학습할 수 있게 되었다. 수학적으로 이는 더 복잡한 비선형 함수를 근사할 수 있게 되었다는 것을 의미한다. 예를 들어, 얼굴 인식 시스템에서 첫 번째 은닉층은 단순한 선과 모서리를 감지할 수 있다. 두 번째 층에서는 이를 조합해 눈, 코, 입과 같은 얼굴의 부분들을 인식한다. 더 깊은 층에서는 이러한 부분들의 배치를 학습해 전체적인 얼굴 모양을 파악한다. 마지막으로 출력층에서 누구의 얼굴인지 판단한다.

딥러닝의 놀라운 점은 이러한 특징들을 사람이 직접 정의할 필요 없이 데이터로부터 자동으로 학습한다는 것이다. 이는 기존의 규칙 기반 시스템과는 완전히 다른 접근 방식이다. 수학적으로 보면, 이는 대규모 최적화 문제를 해결하는 과정이라고 볼 수 있다. 대량의 데이터와 강력한 컴퓨팅 파워를 이용해 복잡한 비선형 함수의 파라미터를 최적화하는 것이다.

이러한 인공 신경망과 딥러닝의 수학적 기반은 선형대수학, 미적분학, 확률론, 최적화 이론 등 다양한 수학 분야를 아우른다. 이를 통해 우리는 복잡한 패턴을 인식하고 예측하는 강력한 도구를 갖게 되었으며, 이는 현대 인공지능 기술의 핵심을 이루고 있다.

딥러닝의 수학적 기반과 원리

딥러닝은 우리 일상 곳곳에 스며들어 있으며, 그 기반에는 복잡한 수학적 원리가 자리 잡고 있다. 인공지능 비서, 자동 번역 서비스, 추천 시스템, 자율 주행 자동차 등 우리가 일상적으로 접하는 인공지능 서비스들은 모두 딥러닝 기술을 활용한다.

스마트폰의 음성 비서는 음성 신호 처리와 자연어 처리에 딥러닝을 적용한다. 이 과정에서 푸리에 변환과 같은 신호 처리 기법, 그리고 순환 신경망(RNN)이나 트랜스포머 모델과 같은 sequence-to-sequence 학습 모델이 사용된다. 자동 번역 서비스 역시 유사한 모델을 사용하며, 이는 복잡한 언어 간 변환을 확률적 모델로 처리한다.

추천 시스템은 협업 필터링이나 내용 기반 필터링 등의 기법을 사용하는데, 이는 본질적으로 고차원 공간에서의 유사도 계산 문제로 볼 수 있다. 여기서 코사인 유사도나 유클리드 거리와 같은 수학적 개념이 활용된다. 자율 주행 자동차는 컴퓨터 비전 기술을 이용해 주변 환경을 인식하는데, 이 과정에서 합성곱 신경망이 사용되며, 이는 이미지 처리에 특화된 수학적 연산을 수행한다.

딥러닝의 핵심 연산은 행렬 곱셈이다. 각 뉴런층 사이의 연결은 가중치 행렬로 표현되며, 입력 데이터와 이 행렬의 곱으로 다음 층의 입력이 계산된다. 이 과정에서 선형대수학의 원리가 적용된다. 또한, 각 뉴런의 출력은 활성화 함수를 통과하는데, 이는 비선형성을 도입해 인공 신경망이 복잡한 함수를 근사할 수 있게 한다. 시그모이드, ReLU 등의 활성화 함수는 각각 고유의 수학적 특성을 가지고 있다.

손실 함수는 모델의 성능을 수치화하는 데 사용되며, 이는 최적화 문제의 목적 함수 역할을 한다. 경사 하강법은 이 손실 함수를 최소화하기 위해 사용되는 최적화 알고리즘으로, 미분의 개념을 활용한다. 구체적으로, 손실 함수의 기울기(그래디언트)를 계산하고, 이를 이용해 가중치를 조금씩 조정해 나간다. 이 과정에서 편미분과 연쇄 법칙이 핵심적인 역할을 한다.

딥러닝의 한계점들도 수학적 관점에서 이해할 수 있다. 블랙박스 문제는 고차원 비선형 함수의 해석 어려움과 연관되어 있다. 데이터 의존성 문제는 모델의 일반화 능력과 관련이 있으며, 이는 통계학과 정보 이론의 관점에서 연구되고 있다. 적대적 공격에 대한 취약성은 최적화된 모델의 결정 경계가 예상치 못한 방식으로 왜곡될 수 있다는 점을 보여 준다.

이러한 한계를 극복하기 위한 새로운 접근 방식들도 수학적 기반을 가지고 있다. 설명 가능한 AI(XAI)는 복잡한 모델을 더 단순한 형태로 근사하거나, 중요한 특징들을 추출하는 기법을 사용한다. 전이 학습은 함수 공간에서의 거리나 유사도 개념을 활용해 서로 다른 도메인 간의 지식 전달을 가능하게 한다. 연합 학습은 분산 최적화 기법을 사용해 개별 디바이스의 데이터를 직접 공유하지 않고도 전체적인 모델을 학습할 수 있게 한다.

이처럼 딥러닝과 인공지능의 발전은 수학의 다양한 분야–선형대수학, 미적분학, 확률론, 최적화 이론, 정보 이론 등–와 밀접하게 연관되어 있다. 앞으로의 발전 역시 이러한 수학적 기반 위에서 이루어질 것이며, 동시에 인공지능의 새로운 도전 과제들은 수학의 새로운 분야를 개척하는 계기가 될 것이다.

우리 사회가 인공지능 기술을 더욱 효과적으로 활용하고 그 잠재적 문제점들에 대비하기 위해서는, 이러한 기술의 수학적 기반에 대한 이해가 필수적이다. 이를 통해 우리는 인공지능의 가능성과 한계를 더 명확히 인식하고, 더 안전하고 윤리적인 AI 시스템을 개발할 수 있을 것이다.

참고문헌

Goodfellow, I., et al.(2016). *Deep learning*. MIT press.

LeCun, Y., et al.(2015). Deep learning. *Nature*, 521(7553), pp.436-444.

Mitchell, T. M.(1997). *Machine learning*. McGraw-Hill.

Rumelhart, D. E., et al.(1986). Learning representations by back-propagating errors. *Nature*, 323(6088), pp.533-536.

Schmidhuber, J. (2015). Deep learning in neural networks: An overview. *Neural networks*, 61, pp.85-117.

06
언어의 비밀: 자연어 처리

자연어 처리는 인간의 언어를 컴퓨터가 이해하고 처리하는 인공지능 기술이다. 1950년대부터 시작되어 규칙 기반, 통계적 방법을 거쳐 현재는 딥러닝 기술이 주도한다. 토큰화, 품사 태깅, 감정 분석 등의 과정을 거치며, 수학적으로 단어 임베딩, 확률, 선형대수를 활용한다. 기계 번역, 챗봇, 음성 인식 등에 응용되고 있으며, 윤리적 문제와 함께 지속적인 발전이 예상된다.

AI와 야구?

자연어 처리의 기본 원리와 발전 과정

자연어 처리(NLP)는 인간의 언어를 컴퓨터가 이해하고 처리할 수 있도록 하는 인공지능의 한 분야다. 이는 언어학, 컴퓨터 과학, 수학, 그리고 인지과학이 만나는 학제간 연구 영역으로, 인간의 의사소통과 컴퓨터 이해 사이의 격차를 해소하는 역할을 한다.

자연어 처리의 역사는 1950년대로 거슬러 올라간다. 앨런 튜링이 제안한 '튜링 테스트'는 기계의 지능을 평가하는 방법으로, 언어 이해 능력을 중요한 지표로 삼았다. 1954년에는 조지타운대학교에서 최초의 기계 번역 시스템을 선보였다. 초기의 자연어 처리는 규칙 기반 시스템에 의존했다. 예를 들어, "만약 'not'이라는 단어가 나오면, 문장의 의미를 부정으로 바꾼다"와 같은 규칙을 수동으로 입력했다. 하지만 이 방식은 언어의 복잡성과 모호성을 다루는 데 한계가 있었다.

1980년대부터는 통계적 방법이 도입되기 시작했다. 이 방법은 대규모 텍스트 데이터를 분석해 단어와 구문의 확률을 계산하는 방식으로, 기계 학습의 시작을 알렸다. 2010년대 이후엔 딥러닝의 등장으로 자연어 처리는 획기적인 발전을 이루게 된다.

자연어 처리는 일련의 단계를 통해 작동하며, 각 단계

는 컴퓨터가 인간 언어를 해석하는 방식에 중요한 역할을 한다. 첫 번째 단계는 토큰화다. 이는 텍스트를 더 작은 단위로 나누는 과정이다. 예를 들어, "NLP is great!"라는 문장은 'NLP', 'is', 'great'로 토큰화된다.

다음으로 품사 태깅 단계가 진행된다. 이 과정에서는 각 토큰의 품사(명사, 동사, 형용사 등)를 식별한다. 예를 들어, "The cat sat on the mat"라는 문장에서 'The'는 정관사, 'cat'은 명사, 'sat'는 동사 등으로 식별된다.

명명된 엔터티 인식(NER) 과정에서는 텍스트의 엔터티를 사람 이름, 조직, 위치, 날짜 등과 같은 사전 정의된 범주로 인식하고 분류한다. 예를 들어, "Apple Inc.는 Steve Jobs에 의해 설립되었습니다"라는 문장에서 'Apple Inc.'는 조직으로, 'Steve Jobs'는 사람으로 인식하고 분류한다.

파싱(parsing) 과정은 문장의 문법 구조를 분석해 단어 간의 관계를 이해한다. 이는 문장의 의미를 더 정확하게 이해하는 데 도움이 된다. 감정 분석은 텍스트 뒤에 숨은 감정이나 의견을 판단한다. 예를 들어, "나는 화창한 날을 좋아해요!"라는 표현은 긍정적인 감정으로 해석된다.

자연어 처리의 핵심에는 다양한 수학적 개념이 자리 잡고 있다. 단어와 문장을 컴퓨터가 이해할 수 있도록 벡터(숫자 배열)로 표현하는 단어 임베딩 기술이 있다. 예를 들어, '고양이'라는 단어를 [1, 0, 1, 1]과 같은 숫자의 배열로 표현한다. 이렇게 하면 '고양이'와 '강아지'와 같이 비슷한 의미를 가진 단어들은 비슷한 벡터 값을 갖게 된다.

확률과 통계 기법도 중요한 역할을 한다. 문장의 다음 단어를 예측할 때, 이전 단어를 기반으로 확률을 계산한다. 예를 들어, "나는 학교에 _____"라는 문장이 있을 때, '간다'가 올 확률이 '먹는다'보다 높게 나올 것이다. 이런 과정은 베이즈 정리를 기반으로 한다.

선형대수학은 특히 신경망과 같은 심층 학습 모델에서 광범위하게 사용된다. 행렬 곱셈과 같은 작업은 단어 임베딩을 변환하고 네트워크 계층을 통해 정보를 전파하는 데 도움이 된다. 미적분학, 특히 도함수는 인공 신경망 훈련의 기본이 된다. 훈련 중에 모델은 오류를 최소화하기 위해 매개 변수를 조정하며, 이 최적화 프로세스는 미적분학에 크게 의존한다.

자연어 처리의 응용과 미래 전망

자연어 처리 기술은 우리의 일상생활 곳곳에서 활용되고 있으며, 그 기저에는 복잡한 수학적 개념들이 자리 잡고 있다.

기계 번역 서비스는 통계적 기법과 인공 신경망 모델을 활용해 언어 간 변환을 수행한다. 이 과정에서 여러 수학적 개념이 핵심적인 역할을 한다.

먼저, 벡터 공간 모델을 사용해 단어나 문장을 고차원 벡터로 표현한다. 예를 들어, '고양이'라는 단어는 [0.2, 0.5, −0.1, 0.8]와 같은 수치 벡터로 변환될 수 있다. 이러한 벡터 표현은 단어의 의미를 수학적으로 인코딩하는 역할을 한다.

다음으로, 이렇게 변환된 벡터들 간의 유사도를 측정하기 위해 코사인 유사도가 사용된다. 코사인 유사도는 두 벡터 간의 각도를 이용해 유사성을 계산하는 방법이다. 예를 들어, '고양이'와 '강아지'의 벡터 표현이 유사하다면, 이들의 코사인 유사도 값은 1에 가까울 것이다. 시퀀스-투-시퀀스 모델은 이러한 개념들을 더욱 복잡하게 확장한 딥러닝 모델이다. 이 모델은 한 형태의 시퀀스 데이터를 다른 형태의 시퀀스 데이터로 변환하는 역할을 하며, 행렬 연산과 확률 이론을 기반으로 한다.

감성 분석에서는 텍스트의 감정을 수치화하기 위해 로지스틱 회귀나 나이브 베이즈 분류기 같은 통계적 모델이 사용된다. 이는 확률론과 선형대수학을 기반으로 한다. 예를 들어, 텍스트의 특징을 벡터로 표현하고, 이를 사전에 학습된 가중치 행렬과 곱해 감정 점수를 계산한다.

챗봇 시스템은 자연어 생성 모델을 사용하는데, 이는 조건부 확률과 정보 이론에 기반한다. 예를 들어, 언어 모델은 이전 단어들의 시퀀스가 주어졌을 때 다음 단어의 확률 분포를 계산한다. 이 과정에서 크로스 엔트로피와 같은 정보 이론의 개념이 손실 함수로 사용된다.

텍스트 요약 기술은 그래프 이론과 최적화 알고리즘을 활용한다. 예를 들어, 텍스트랭크(TextRank) 알고리즘은 페이지랭크(PageRank) 알고리즘을 텍스트에 적용한 것으로, 문장들 간의 유사도를 그래프로 표현하고 중요도를 계산한다. 또한, 생성적 요약 모델은 강화 학습의 개념을 활용해 요약의 품질을 최적화한다.

음성 인식 및 합성 기술은 푸리에 변환, 은닉 마르코프 모델, 딥러닝 등 다양한 수학적 기법을 사용한다. 음성 신호를 주파수 도메인으로 변환하는 과정에서 푸리에 변환이 사용되며, 음소 인식 과정에서는 확률 모델이 적용된다.

트랜스포머 모델의 '어텐션' 메커니즘은 본질적으로 가중치 행렬의 곱셈 연산이다. 이는 쿼리(query), 키(key),

값(value)이라는 세 가지 벡터를 사용해 입력 시퀀스의 각 요소 간 관계를 계산한다. 이 과정은 선형대수학의 원리를 깊이 활용한다.

전이 학습과 메타 학습은 함수 공간에서의 최적화 문제로 볼 수 있다. 전이 학습은 한 도메인에서 학습한 특징 공간을 다른 도메인에 적용하는 것으로, 이는 수학적으로 두 함수 공간 사이의 매핑을 찾는 문제로 볼 수 있다. 메타 학습은 학습 알고리즘 자체를 최적화하는 것으로, 이는 고차 미분과 같은 고급 수학적 개념을 필요로 한다.

다국어 자연어 처리 모델은 여러 언어의 공통된 의미 공간을 찾는 것이 목표다. 이는 수학적으로 여러 벡터 공간 사이의 동형 사상(isomorphism)을 찾는 문제로 볼 수 있다. 이 과정에서 매니폴드 학습이나 임베딩 정렬과 같은 기법이 사용된다.

윤리적 AI 개발에서도 수학적 개념이 중요하다. 예를 들어, 공정성을 보장하기 위해 통계적 형평성 측정이 사용되며, 모델의 편향을 줄이기 위해 정규화 기법이 적용된다. 또한, 설명 가능한 AI를 위해 모델의 결정 과정을 해석 가능한 수학적 표현으로 변환하는 연구가 진행되고 있다.

이처럼 자연어 처리의 모든 영역에서 수학은 핵심적인 역할을 한다. 선형대수, 확률론, 최적화 이론, 정보 이론 등 다양한 수학 분야의 개념들이 자연어 처리 기술의 발전을 이끌고 있으며, 앞으로도 더 복잡하고 정교한 수학적 모델들이 개발될 것으로 예상된다.

자연어 처리 기술은 우리의 일상을 크게 변화시키고 있으며, 우리가 정보를 검색하고, 소통하고, 업무를 처리하는 방식을 혁신적으로 바꾸고 있다. 앞으로 자연어 처리 기술은 더욱 발전해 인간과 기계 사이의 언어 장벽을 완전히 없애는 날이 올 수도 있다. 그러나 동시에 이 기술의 발전이 가져올 수 있는 윤리적 · 사회적 문제들에 대해서도 깊이 고민하고 대비해야 할 것이다. 자연어 처리 기술은 우리에게 큰 기회와 도전을 동시에 제공하고 있으며, 이를 어떻게 활용하고 대응하느냐에 따라 우리의 미래가 크게 달라질 것이다.

참고문헌

Goodfellow, I., et al.(2016). *Deep learning.* MIT press.

Jurafsky, D., & Martin, J. H.(2020). *Speech and language processing: An introduction to natural language processing, computational linguistics, and speech recognition.* Prentice Hall.

Manning, C. D., & Schütze, H.(1999). *Foundations of statistical natural language processing.* MIT press.

Mikolov, T., et al.(2013). Efficient estimation of word representations in vector space. *arXiv preprint arXiv:1301.3781.*

Vaswani, A., et al.(2017). Attention is all you need. *Advances in neural information processing systems,* 30.

07
결정의 나무: 의사 결정 알고리즘

결정 나무는 의사 결정 과정을 체계화하는 도구로, 그래프 이론 · 확률론 · 정보 이론 등 다양한 수학적 개념에 기반한다. 이는 개인의 일상적 결정부터 기업 전략, 인공지능까지 광범위하게 응용된다. 엔트로피, 정보 이득, 베이즈 정리 등을 활용해 최적의 결정을 도출하며, 한계를 극복하기 위해 앙상블 기법 등이 개발되었다. 수학적 분석과 인간의 직관을 결합한 접근이 중요하다.

AI와 윤동주?

결정 나무의 기본 개념과 구조

우리의 일상은 끊임없는 선택의 연속이다. 아침에 어떤 옷을 입을지부터 시작해 어떤 직업을 선택할지까지, 우리는 크고 작은 결정을 매일 내린다. 이러한 결정들을 더 체계적이고 효율적으로 내릴 수 있는 방법이 바로 '결정 나무'다.

결정 나무는 우리가 어떤 선택을 할 때 고려해야 할 여러 요소들을 나무 형태로 시각화한 것이다. 실제 나무와 마찬가지로, 결정 나무도 뿌리(시작점)에서 시작해 여러 가지(선택지)로 뻗어 나가는 구조를 가진다. 각 가지는 우리가 선택할 수 있는 옵션을 나타내며, 그 끝에는 선택의 결과가 있다.

예를 들어, 저녁 식사 메뉴를 고르는 상황을 결정 나무로 표현해 보자. 뿌리는 '저녁 식사 메뉴 선택'이 된다. 첫 번째 가지는 '한식/양식/중식'으로 나뉜다. 두 번째 가지는 각 선택에 따라 더 구체적인 메뉴로 나뉜다. 한식을 선택했다면 '비빔밥/김치찌개/불고기', 양식을 선택했다면 '피자/파스타/스테이크', 중식을 선택했다면 '짜장면/탕수육/마파두부' 등이 될 수 있다. 마지막으로 잎에 해당하는 부분은 최종 선택한 메뉴가 된다.

이렇게 결정 과정을 시각화하면 여러 장점이 있다. 첫

째, 직관성이다. 복잡한 결정 과정을 시각적으로 표현해 이해하기 쉽다. 둘째, 체계성이다. 고려해야 할 요소들을 순차적으로 정리할 수 있다. 셋째, 예측 가능성이다. 각 선택의 결과를 미리 예상해 볼 수 있다.

결정 나무를 활용하는 방법은 다음과 같다. 먼저, 결정을 내려야 하는 상황을 명확히 정의한다. 그 다음, 그 상황에서 고려해야 할 요소들을 나열하고, 각 요소에 따른 선택지들을 정리한다. 이렇게 만들어진 결정 나무를 바탕으로 각 선택지의 장단점을 비교하고 최종 결정을 내린다.

결정 나무는 개인의 의사 결정뿐만 아니라 기업의 경영 전략이나 정부의 정책 결정 등 다양한 분야에서 활용된다. 예를 들어, 한 회사가 새로운 제품을 출시할지 말지를 결정할 때도 결정 나무를 사용할 수 있다. 뿌리는 '새 제품 출시 여부'가 되고, 첫 번째 가지는 '출시/미출시'로 나뉜다. 출시를 선택했다면 두 번째 가지는 '높은 가격 책정/중간 가격 책정/낮은 가격 책정'으로 나눌 수 있다. 세 번째 가지는 각 가격대별 예상 판매량과 수익이 되고, 마지막 잎은 최종 예상 수익 및 결정이 된다.

결정 나무의 원리에는 수학적 개념이 내재되어 있다. 특히 '그래프 이론'이라는 수학 분야와 밀접한 관련이 있다. 그래프 이론에서는 여러 점(node)들이 선(edge)으로 연결된 구조를 다루는데, 결정 나무도 이와 같은 구조를 가진다. 각 결정 지점이 점이 되고, 선택지들이 선이 되는 것이다.

또한, 결정 나무를 설계할 때 '확률'이라는 개념도 자주 사용된다. 각 선택지가 어떤 결과로 이어질지 확률을 계산해 더 정확한 의사 결정을 할 수 있도록 한다. 예를 들어, 새 제품 출시 결정에서 각 가격대별로 제품이 잘 팔릴 확률을 고려할 수 있다. 높은 가격은 성공 확률 30%, 중간 가격은 50%, 낮은 가격은 70% 등으로 제시할 수 있다.

이런 식으로 확률을 결정 나무에 반영하면 '기댓값'이라는 개념을 사용할 수 있게 된다. 기댓값은 각 결과의 가치와 그 결과가 일어날 확률을 곱한 값들의 합이다. 이를 통해 불확실성을 고려한 더 현실적인 의사 결정이 가능해진다.

결정 나무의 응용과 한계

결정 나무는 다양한 분야에서 활용된다. 특히 인공지능의 머신러닝 분야에서 '의사 결정 트리(decision tree)' 알고리즘으로 중요하게 사용된다. 이 알고리즘은 컴퓨터가 데이터를 바탕으로 자동으로 결정을 내리는 데 활용되며, 우리가 일상에서 사용하는 많은 서비스와 제품에 적용되어 있다.

예를 들어, 음악 스트리밍 서비스에서 사용자의 취향에 맞는 노래를 추천해 주는 기능을 생각해 보자. 이 시스템은 사용자의 과거 청취 기록에서 좋아요 표시한 곡, 스킵한 곡 등을 바탕으로 결정 나무를 만들어 '이 사용자가 이 노래를 좋아할 확률이 높은가?'를 판단한다.

이 경우 결정 나무는 다음과 같이 구성될 수 있다. 뿌리는 '노래 추천 여부'가 된다. 첫 번째 가지는 '사용자가 선호하는 장르인가?(예/아니오)'로 나뉜다. 두 번째 가지는 '사용자가 좋아하는 아티스트의 곡인가?(예/아니오)'가 될 수 있다. 세 번째 가지는 '사용자의 평소 청취 시간대와 일치하는가?(예/아니오)'로 나눌 수 있다. 마지막 잎은 '추천/비추천'이 된다. 이런 식의 결정 나무를 통해 시스템은 사용자에게 가장 적합한 노래를 추천하게 된다.

음악 스트리밍 서비스의 추천 시스템에 적용되는 수학적 개념을 어떻게 적용될 지를 살펴보도록 하자. 첫 단계는 확률 계산으로, 시스템은 과거 데이터를 보고 '이 장르의 노래를 좋아할 가능성이 얼마나 될까?'를 계산한다. 다음으로 여러 조건을 고려해 '이 장르도 좋아하고, 이 가수의 노래도 좋아하면 이 노래를 좋아할 가능성은 얼마나 될까?'처럼 여러 조건을 함께 고려한다. 세 번째 단계로는 중요한 질문 선택할 수 있도록 '장르가 중요할까, 가수가 중요할까?'를 판단해서 가장 중요한 질문부터 제공한다. 마지막 단계로 새로운 정보(예: 최근에 들은 노래)가 생기면 이를 반영해서 예측을 업데이트하고, 전체적인 개선을 통해 추천 시스템이 잘 작동하도록 계속해서 조정한다. 이렇게 해서 시스템은 '이 사용자는 이런 노래를 좋아할 것 같다'고 판단하고 추천하게 된다.

결정 나무의 또 다른 매력적인 점은 '가지치기'라는 과정을 통해 의사 결정을 최적화할 수 있다는 것이다. 가지치기란 결정 나무에서 불필요하거나 비효율적인 선택지(가지)를 제거하는 과정을 말한다. 이는 '최적화 이론'이라는 수학 분야와 연관이 있으며, 복잡한 문제를 단순화하고 최적의 해답을 찾아가는 과정이다.

예를 들어, 저녁 식사 메뉴 선택에서 '양식'을 선택했다고 가정해 보자. 이 경우, 한식과 중식 관련 가지들은 더 이상 고려할 필요가 없으므로 가지치기를 할 수 있다. 이렇게 하면 결정 과정이 더욱 명확하고 효율적으로 변한다.

결정 나무의 개념은 우리 삶의 여러 영역에 적용될 수 있다. 개인적인 선택에서부터 비즈니스 전략, 정책 결정, 그리고 첨단 기술에 이르기까지 그 활용 범위가 넓다. 이는 복잡한 현실 세계의 문제들을 체계적으로 분석하고 해결하는 데 도움을 준다.

하지만 결정 나무에도 한계가 있다는 점을 기억해야 한다. 첫째, 때로는 너무 많은 변수가 있어서 결정 나무가 지나치게 복잡해질 수 있다. 이는 결정 과정을 오히려 더 어렵게 만들 수 있다. 둘째, 모든 상황을 완벽하게 예측하는 것은 불가능하다. 현실 세계에는 예상치 못한 변수들이 항상 존재하기 때문이다. 셋째, 결정 나무는 이분법적 사고를 조장할 수 있다. 실제로는 여러 선택지가 복합적으로 작용하는 경우가 많은데, 결정 나무는 이를 단순화시킬 수 있다.

따라서 결정 나무는 의사 결정을 돕는 도구일 뿐 최종 결정은 여전히 인간의 판단에 달려 있다는 점을 인식해야 한다. 결정 나무를 통해 얻은 정보와 분석을 바탕으로 우리의 직관과 경험, 그리고 상황에 대한 종합적인 이해를 결합해 최종 결정을 내려야 한다.

결정 나무는 우리의 의사 결정 과정을 체계화하고 최적화하는 데 도움을 주는 강력한 도구다. 이를 통해 우리는 복잡한 상황을 명확히 이해하고, 각 선택의 결과를 예측하며, 더 나은 결정을 내릴 수 있게 된다. 일상생활에서 중요한 선택을 해야 할 때, 결정 나무를 그려 보는 것은 매우 유용할 수 있다. 이를 통해 일상의 선택이 더욱 현명하고 만족스러워질 것이다. 하지만 동시에 결정 나무의 한계를 인식하고 이를 보완할 수 있는 다른 방법들도 함께 고려하는 것이 중요하다. 결국 가장 좋은 결정은 체계적인 분석과 인간의 직관이 조화롭게 결합될 때 나올 수 있다는 점을 기억해야 한다.

참고문헌

Breiman, L.(2001). Random forests. *Machine learning*, 45(1), pp.5-32.

Hastie, T., et al.(2009). *The elements of statistical learning: Data mining, inference, and prediction* (2nd ed.). Springer.

Quinlan, J. R.(1986). Induction of decision trees. *Machine learning*, 1(1), pp.81-106.

Russell, S., & Norvig, P.(2020). *Artificial intelligence: A modern approach*. Pearson.

Shannon, C. E.(1948). A mathematical theory of communication. *The Bell system technical journal*, 27(3), pp.379-423.

08
인공지능의 도덕적 딜레마

AI의 윤리적 의사 결정을 수학적 접근으로 해결하려는 시도와 그 한계를 살펴본다. 효용, 확률, 게임 이론, 최적화 등의 개념을 통해 AI 윤리 문제를 모델링하고, 이에 따른 도전 과제를 다룬다. AI 윤리가 다학제적 접근과 사회적 합의를 필요로 하는 복잡한 문제임을 강조한다. 윤리적 의사 결정의 수학화 시도와 한계를 탐구하며 AI 윤리의 다면적 성격을 조명한다.

AI와 한의학?

AI의 윤리적 결정과 수학적 접근

AI 기술의 급속한 발전으로 우리 일상 곳곳에 인공지능이 스며들고 있다. 스마트폰의 음성 비서, 자율 주행 자동차, 의료 진단 시스템 등 AI는 우리에게 많은 편의를 제공하지만, 동시에 새로운 윤리적 과제를 제시한다. AI가 인간의 삶에 깊이 관여하면서, 우리는 이 기계들이 올바른 결정을 내리도록 해야 한다는 압박에 직면하게 된다.

그렇다면 '올바른 결정'이란 무엇일까? 인간도 쉽게 답하기 어려운 이 질문에 대해 우리는 어떻게 기계에게 가르칠 수 있을까? 이러한 고민 속에서 AI의 윤리적 딜레마를 수학적 개념과 연결 짓는 시도가 이루어지고 있다. 복잡한 윤리적 문제들을 수학적 모델로 변환하고, 그 과정에서 발생하는 도전과 한계를 탐구하는 것이다.

윤리를 수학으로 표현하는 것은 얼핏 불가능해 보인다. 윤리는 주관적이고 문화에 따라 다양하게 해석되는 반면, 수학은 객관적이고 보편적이기 때문이다. 하지만 AI 시대에 들어서면서, 우리는 이 불가능해 보이는 과제에 도전하게 된다.

예를 들어, 자율 주행 자동차가 사고 상황에 직면했을 때를 생각해 보자. 차량이 브레이크 고장으로 인해 다섯 명의 보행자가 있는 횡단보도를 향해 돌진하고 있다. 이

때 운전자는 핸들을 돌려 한 명의 보행자가 있는 인도로 들이닥칠 수 있다. 어떤 선택이 더 윤리적일까? 이런 딜레마를 수학적으로 표현하려면, 우리는 먼저 '효용'이라는 개념을 도입해야 한다. 효용은 어떤 행동이나 결과가 가져오는 만족도나 이로움을 수치화한 것이다.

위의 예에서, 다섯 명의 생명을 구하는 효용을 +5, 한 명의 생명을 해치는 효용을 −1로 단순화할 수 있다. 이렇게 보면, 한 명을 희생해 다섯 명을 구하는 것이 수학적으로는 더 큰 효용(+4)을 가져온다. 하지만 이런 접근에는 많은 문제가 있다. 모든 생명의 가치가 동등한가? 의도적으로 누군가를 해치는 것과 방관하는 것 사이에 도덕적 차이는 없는가? 이런 질문들은 단순한 수학적 모델로는 쉽게 해결되지 않는다.

현실 세계의 상황들은 불확실성을 포함한다. 따라서 AI의 윤리적 결정에도 확률 개념이 중요하게 작용한다. 예를 들어, 의료 AI 시스템이 99%의 정확도로 암을 진단할 수 있다고 하자. 그런데 실제로 암에 걸릴 확률이 인구의 1% 정도라면, AI가 어떤 환자에게 암 양성 판정을 내렸을 때 실제로 암일 확률은 약 50%에 불과하다. 이는 베이즈 정리를 이용해 계산할 수 있다. 이런 확률적 사고는 윤리적 결정에 큰 영향을 미친다. 의사나 AI 시스템은 이런 확률을 고려해 추가 검사를 권유하거나 환자에게 정보를 제공할 때 주의를 기울여야 한다.

게임 이론 또한 AI의 윤리적 결정에 중요한 통찰을 제공한다. 예를 들어, 두 개의 AI 시스템이 각각 다른 회사의 자율 주행 자동차를 제어하고 있을 때, 충돌 위험 상황에서 각 AI는 '안전 우선' 또는 '속도 우선' 중 하나를 선택해야 한다. 이 상황을 게임 이론의 보수 행렬로 표현하면, 각 AI의 지배 전략이 '속도 우선'임을 알 수 있다. 그러나 두 AI 모두 '속도 우선'을 선택하면 전체적으로 좋지 않은 결과를 낳게 된다. 이는 개인(또는 개별 AI)의 합리적 선택이 전체의 이익과 상충할 수 있음을 보여 준다. 이런 딜레마를 해결하기 위해서는 협력을 유도하는 메커니즘이 필요하다.

AI 윤리의 복잡성과 다차원적 접근

AI 시스템의 핵심은 주어진 목표를 최적화하는 것이다. 수학적으로 이는 주어진 제약 조건하에서 목적 함수를 최대화 또는 최소화하는 문제로 표현된다. 그러나 윤리적 고려 사항을 이러한 최적화 문제에 어떻게 반영할 수 있을까?

예를 들어, 온라인 광고 시스템의 주요 목표는 클릭률

(click-through rate, CTR)을 최대화하는 것이다. 하지만 이런 단순한 목표 설정은 시스템이 사용자의 약점을 이용하거나, 허위 정보를 포함한 자극적인 광고를 노출시키거나, 특정 집단을 차별하는 등의 윤리적 문제를 야기할 수 있다. 이를 해결하기 위해 윤리적 제약을 추가할 수 있다. 예를 들어, 허위 정보를 포함한 광고의 비율을 제한하거나, 각 인구 집단별 광고 노출 비율의 편차를 제한하는 등의 조건을 둘 수 있다

그러나 이러한 접근에도 한계가 있다. 어떤 제약을 둘 것인지, 각 제약의 임곗값을 어떻게 설정할 것인지는 여전히 인간의 판단이 필요한 문제다. 또한, 너무 많은 제약을 두면 시스템의 성능이 크게 저하될 수 있다. 더 나아가, '사용자의 장기적 웰빙'이나 '사회적 조화' 같은 개념은 수학적으로 정의하고 측정하기 어렵다. 이는 AI 윤리의 근본적인 난제 중 하나다.

우리가 살아가는 사회에서 발생하는 문제들은 단일한 목표가 아닌 여러 가지 목표를 동시에 고려해야 한다. 이는 다목적 최적화(multi-objective optimization) 문제로 이어진다. AI의 윤리적 의사 결정도 마찬가지로 효율성, 공정성, 투명성, 개인 정보 보호 등 여러 가치를 동시에 추구해야 한다.

이런 문제의 해결책으로 '파레토 최적' 개념이 사용된다. 파레토 최적 해는 다른 목표를 희생하지 않고는 어떤 목표도 더 개선할 수 없는 상태를 말한다. 예를 들어, 자율 주행 자동차 시스템이 '안전성'과 '효율성'을 동시에 고려해야 할 때, 안전성을 높이면 일반적으로 속도를 줄여야 하므로 효율성이 떨어진다. 이때 파레토 최적 해들은 안전성과 효율성의 다양한 조합을 나타내는 곡선을 형성하게 된다.

그러나 이런 접근에도 한계가 있다. 현실에서는 모든 가치를 정확히 수치화하기 어렵고, 파레토 최적 해들 중 어떤 것을 선택할지는 여전히 주관적인 판단이 필요하다. 또한 시간에 따라 가치의 우선순위가 변할 수 있다는 점도 고려해야 한다.

AI 시스템의 윤리적 의사 결정에서 중요한 또 다른 측면은 '설명 가능성(explainability)'이다. AI가 왜 그러한 결정을 내렸는지 인간이 이해할 수 있어야 한다. 이는 특히 중요한 의사 결정(예: 대출 승인, 의료 진단 등)에서 더욱 중요하다. 그러나 설명 가능성과 모델의 성능 사이에는 종종 트레이드오프가 발생한다. 일반적으로 더 복잡한 모델(예: 딥러닝 모델)이 더 높은 성능을 보이지만, 그 의사 결정 과정을 설명하기는 더 어렵다.

설명 가능성을 높이기 위한 다양한 기법들이 연구되고 있다. 예를 들어, LIME이나 SHAP 같은 방법은 복잡한 모델의 개별 예측을 로컬에서 해석 가능한 형태로 근사해 설명한다. 그러나 이런 접근에도 한계가 있다. 로컬 설명이 전체 모델의 작동 원리를 완전히 설명하지는 못하며, 설명 자체가 또 다른 복잡성을 낳을 수 있다. 또한, 모델의 설명 가능성을 높이는 과정에서 민감한 정보가 노출될 위험도 있다.

AI의 윤리적 의사 결정 문제를 수학적으로 접근하는 것은 많은 통찰을 제공하지만, 동시에 한계도 분명히 드러낸다. 우리는 수학적 모델을 통해 문제를 명확히 정의하고 체계적으로 분석할 수 있지만, 동시에 모델의 가정과 한계를 항상 인식해야 한다.

궁극적으로 AI의 윤리는 순수한 수학의 영역을 넘어선다. 그것은 철학, 법학, 사회학, 심리학 등 다양한 분야의 지식을 종합해야 하는 학제 간 과제다. 수학은 이 복잡한 문제를 이해하고 해결하는 데 강력한 도구를 제공하지만, 그것만으로는 충분하지 않다.

우리는 AI 시스템의 윤리적 의사 결정을 위해 계속해서 새로운 수학적 도구와 프레임워크를 개발해 나가야 한다. 동시에 이러한 수학적 접근의 한계를 인식하고,

다양한 관점과 방법론을 통합하는 균형 잡힌 시각을 유지해야 한다. AI 윤리는 단순히 기술적 문제가 아니라 우리 사회의 가치와 우선순위를 반영하는 문제다. 따라서 이는 지속적인 사회적 대화와 합의를 필요로 한다.

이를 위해서는 학제 간 협력 강화, AI 윤리 교육 강화, 정책과 규제 개발, 지속적인 모니터링과 평가, 다양성과 포용성 고려 등의 노력이 필요하다. AI 윤리에 대한 논의는 기술 전문가들만의 영역이 아니라 사회 전체가 참여해야 할 공론의 장이 되어야 한다.

AI는 우리 사회를 크게 변화시킬 잠재력을 가지고 있다. 이 변화가 긍정적인 방향으로 이루어지도록 하는 것은 우리의 책임이다. AI의 윤리적 의사 결정 능력을 높이는 것은 단순히 기술적 과제가 아니라 우리 사회가 어떤 가치를 중요하게 여기는지, 어떤 미래를 만들어 가고 싶은지에 대한 근본적인 질문과 연결되어 있다. AI와 함께하는 미래에서 우리의 인간성과 도덕성이 더욱 빛을 발할 수 있도록, 지금 우리는 진지하게 고민하고 행동해야 할 때다.

참고문헌

Awad, E., et al.(2018). The moral machine experiment. *Nature*,

563(7729), pp.59–64.

Dwork, C., et al.(2012). Fairness through awareness. *Proceedings of the 3rd Innovations in Theoretical Computer Science Conference* (pp.214–226).

Goodfellow, I., et al.(2016). *Deep learning*. MIT Press.

Lundberg, S. M., & Lee, S. I.(2017). A unified approach to interpreting model predictions. *Advances in neural information processing systems*, 30.

Russell, S., & Norvig, P.(2020). *Artificial intelligence: A modern approach* (4th ed.). Pearson.

09
AI × 수학: 코드와 계산의 조화

AI와 수학의 불가분한 관계를 탐구하며, 코드와 계산이 미래를 창조하는 핵심 요소임을 설명한다. 선형대수학, 미적분학, 확률 통계 등 다양한 수학 분야가 AI에 적용되는 방식을 예제를 통해 살펴보고, 이를 통해 AI가 일상생활과 다양한 산업 분야에 미치는 영향을 분석한다. 또한 AI 시대를 대비한 새로운 교육 방식의 필요성과 윤리적 고려 사항을 제시한다.

AI와 화장품?

AI의 언어, 수학: 기초에서 응용까지

우리는 지금 AI의 시대를 살아가고 있다. 스마트폰의 음성 비서부터 자율 주행 자동차까지, AI 기술은 우리 일상 곳곳에 스며들어 있다. 그러나 많은 사람들이 AI의 핵심에 수학이 자리 잡고 있다는 사실을 모른다. AI와 수학은 마치 물과 물고기의 관계와 같다. 물고기가 물 없이 살 수 없듯이, AI도 수학 없이는 존재할 수 없다.

수학은 AI의 언어다. 컴퓨터가 이해하고 처리할 수 있는 형태로 세상의 정보를 표현하는 데 수학이 사용된다. 예를 들어, 우리가 스마트폰 카메라로 꽃 사진을 찍으면 그 이미지는 컴퓨터 내부에서 수많은 숫자의 배열로 표현된다. 각 숫자는 이미지의 특정 픽셀 색상과 밝기를 나타낸다. AI는 이러한 숫자들을 분석해 그 꽃이 무슨 종류인지 판단하게 된다.

AI의 기초 체력이라고 할 수 있는 선형대수학은 벡터와 행렬을 다루는 학문이다. 이는 AI가 다차원의 데이터를 효율적으로 처리할 수 있게 해 준다. 음성 인식 AI를 예로 들면, 우리가 "안녕하세요"라고 말할 때 그 소리는 시간에 따른 음압의 변화로 표현된다. 이 정보는 수천 개의 숫자로 이루어진 벡터로 변환되고, AI는 이 벡터를 분석해 어떤 단어가 발음되었는지 파악한다. 이 과정에서 벡터의 내적, 행렬 곱셈 등 선형대수학의 연산이 사용된다.

미적분학은 AI가 스스로 학습하는 과정에서 핵심적인 역할을 한다. 특히 '경사 하강법'이라는 최적화 기법에서 미적분이 사용된다. 이는 마치 산에서 가장 낮은 지점을 찾아가는 것과 비슷하다. 이미지 분류 AI를 학습시키는 과정을 생각해 보면, AI는 처음에는 많은 실수를 한다. 고양이 사진을 개라고 잘못 분류할 수도 있다. 이때 AI는 자신의 예측과 실제 정답 사이의 차이(오차)를 계산한다. 그리고 이 오차를 최소화하는 방향으로 자신의 파라미터(가중치)를 조금씩 수정해 나간다. 이 과정에서 미분이 사용되어 오차를 가장 빠르게 줄일 수 있는 방향을 찾게 된다.

우리가 사는 세상은 불확실성으로 가득 차 있다. AI 역시 이러한 불확실성을 다룰 수 있어야 하며, 이때 확률과 통계 지식이 필요하다. 스팸 메일 필터 AI를 예로 들면, AI는 각 단어가 스팸 메일에 등장할 확률, 정상 메일에 등장할 확률 등을 계산한다. 그리고 베이즈 정리라는 확률 법칙을 사용해 주어진 메일이 스팸일 확률을 계산한다. 만약 이 확률이 특정 임곗값(예: 90%)을 넘으면 해당 메일을 스팸으로 분류한다.

최적화 이론은 주어진 제약 조건하에서 최선의 해결

책을 찾는 수학 분야다. AI에서는 학습 과정을 최적화 문제로 해석하고 해결한다. 추천 시스템 AI를 예로 들면, 온라인 쇼핑몰에서 사용되는 이 AI는 사용자의 구매 이력, 검색 기록 등을 바탕으로 그 사용자가 좋아할 만한 상품을 추천한다. 이때 AI는 사용자의 만족도를 최대화하는 동시에, 다양한 상품을 골고루 노출시켜야 한다는 제약 조건을 가지고 있다. 이러한 복잡한 최적화 문제를 해결하기 위해 다양한 수학적 기법이 사용된다.

그래프 이론은 객체들 간의 관계를 수학적으로 모델링하는 학문이다. 소셜 네트워크 분석, 추천 시스템, 자연어 처리 등 다양한 AI 응용 분야에서 그래프 이론이 사용된다. 소셜 미디어 플랫폼의 친구 추천 기능을 예로 들면, 이 시스템에서 사용자들은 그래프의 노드로, 친구 관계는 노드를 잇는 엣지로 표현된다. AI는 이 그래프 구조를 분석해 '친구의 친구'나 '공통 관심사를 가진 사용자' 등을 찾아 추천한다.

수치 해석은 복잡한 수학 문제를 컴퓨터로 근사적으로 해결하는 방법을 연구하는 분야다. AI 시스템에서 실제로 계산을 수행할 때 수치 해석의 기법들이 많이 사용된다. 날씨 예측 AI를 예로 들면, 대기의 움직임을 정확히 기술하는 방정식은 너무나 복잡해서 정확한 해를 구하는 것이 불가능하다. 대신 수치 해석 기법을 사용해 근사적인 해를 구한다. 이 과정에서 미분방정식의 수치 해법, 보간법, 최적화 알고리즘 등 다양한 수치 해석 기법이 사용된다.

AI와 수학은 불가분의 관계에 있다. 수학은 AI의 언어이자 도구이며, AI는 수학의 새로운 응용 분야이자 연구 보조자다.

코드와 계산: AI의 실현과 미래 창조

우리는 지금 디지털 혁명의 한가운데에 서 있다. 스마트폰, 인공지능, 빅 데이터 등 첨단 기술이 우리의 일상을 변화시키고 있다. 이러한 기술의 핵심에는 '코드'와 '계산'이 있다. 코드는 컴퓨터에게 명령을 내리는 언어이고, 계산은 그 명령을 수행하는 과정이다.

우리가 스마트폰으로 날씨를 확인할 때를 생각해 보면, 화면에 보이는 날씨 정보는 수많은 코드와 계산의 결과다. 기상 센서에서 수집된 데이터를 분석하고, 복잡한 기상 모델을 통해 예측을 수행하며, 그 결과를 우리가 이해하기 쉬운 형태로 표현하는 과정 모두가 코드와 계산으로 이루어진다.

코드와 계산은 마치 현대 사회의 언어와 같다. 과거에

문맹이 사회 참여에 큰 장애물이었듯이, 미래에는 코드와 계산을 이해하지 못하는 것이 큰 제약이 될 수 있다. 따라서 우리는 이 새로운 언어를 배우고 활용할 줄 알아야 미래를 준비할 수 있다.

미래에는 양자 컴퓨팅, 뇌-컴퓨터 인터페이스, 증강현실 등 새로운 기술이 등장하면서 코드와 계산의 조화가 더욱 중요해질 것이다. 이에 따라 수학적 사고력과 프로그래밍 능력을 동시에 키우는 것이 중요해지고 있다. 문제를 수학적으로 모델링하고 이를 효율적인 알고리즘으로 구현하는 능력이 AI 시대의 새로운 문해력이 될 것이다.

코드와 계산의 조화는 예술 분야에서도 새로운 가능성을 열고 있다. 생성 AI를 이용한 음악 작곡, 디지털 아트 생성, 스토리텔링 등이 그 예이며, 이는 예술가들에게 새로운 표현 도구를 제공하고 인간의 창의성을 증폭시키는 역할을 한다.

교육 분야에서는 개인화된 학습 경험을 제공하는 AI 튜터, 가상 현실을 활용한 몰입형 교육 콘텐츠, 실시간 학습 분석 및 피드백 시스템 등이 등장할 것이다. 의료 분야에서는 AI와 빅 데이터 분석을 통한 정밀 의료가 가능해질 것이며, 개인의 유전 정보, 생활 습관, 의료 기록 등을 종합 분석해 질병을 예측하고 최적의 치료법을 제시하는 시스템이 발전할 것이다.

환경 문제 해결에도 코드와 계산의 조화가 중요한 역할을 할 것이다. 기후 변화 예측 모델, 재생 에너지 최적화 시스템, 생태계 모니터링 네트워크 등이 더욱 정교해질 것인데, 이러한 기술들은 복잡한 시스템을 수학적으로 모델링하고 대규모 컴퓨팅 자원을 통해 시뮬레이션하는 것을 기반으로 한다.

그러나 코드와 계산의 조화가 가져올 미래에는 도전 과제도 있다. AI의 의사 결정 과정에서의 편향성 문제, 개인 정보 보호와 데이터 활용 사이의 균형, AI로 인한 일자리 변화 등 다양한 윤리적 · 사회적 문제들에 대해 깊이 고민해야 한다. 특히 AI 윤리 문제는 기술적 해결책만으로는 불충분하며, 철학 · 윤리학 · 사회학 · 법학 등 다양한 분야의 지식과 논의가 필요한 과제다.

따라서 미래 사회에서는 코드와 계산을 이해하는 것뿐만 아니라, 이들이 사회에 미치는 영향을 비판적으로 평가하고 올바른 방향으로 이끌어 갈 수 있는 능력도 중요해질 것이다. 이는 STEM 교육과 인문학 교육의 융합이 필요함을 시사한다.

코드와 계산의 조화는 우리 미래를 형성하는 핵심 동

력이며, 이는 단순한 기술적 진보를 넘어 우리가 세상을 이해하고 상호 작용하는 방식을 근본적으로 변화시킬 것이다. 우리는 이러한 변화를 수동적으로 받아들이는 것이 아니라, 적극적으로 이해하고 활용하며 때로는 비판적으로 평가할 수 있어야 한다.

이를 위해 수학적 사고력과 프로그래밍 능력을 키우는 것이 중요하며, 동시에 기술이 사회에 미치는 영향을 이해하고 윤리적 판단을 할 수 있는 능력도 필요하다. 이러한 종합적인 능력을 갖춘 인재들이 AI 시대를 이끌어갈 주역이 될 것이다.

우리는 지금 역사적인 변곡점에 서 있다. 코드와 계산의 조화가 만들어 낼 미래는 우리가 어떻게 준비하고 대응하느냐에 따라 크게 달라질 것이며, 이는 도전이자 또 다른 기회다.

이 새로운 시대의 언어를 배우고, 이를 통해 더 나은 세상을 만들어 가는 데 동참할 수 있기를 희망한다.

참고문헌

Alpaydin, E.(2020). *Introduction to machine learning*. MIT Press.

Bartocci, E., & Lió, P.(2016). Computational modeling, formal analysis, and tools for systems biology. *PLOS computational biology*, 12(1), e1004591.

Goodfellow, I., et al.(2016). *Deep learning.* MIT Press.

Russell, S., & Norvig, P.(2020). *Artificial intelligence: A modern approach* (4th ed.). Pearson.

Silver, D., et al.(2017). Mastering the game of Go without human knowledge. *Nature*, 550(7676), pp.354–359.

Strang, G.(2019). *Linear algebra and learning from data.* Wellesley–Cambridge Press.

Sutton, R. S., & Barto, A. G.(2018). *Reinforcement learning: An introduction.* MIT Press.

10
함께하는 미래: 인공지능과 수학의 미래 기술

인공지능과 수학의 융합은 현대 기술 혁신의 핵심이다. 양자 컴퓨팅, 생물 모방 공학, 디지털 트윈, 초지능 AI, 대규모 언어 모델 등의 미래 기술은 이 융합의 결과물이다. 이들은 다양한 분야에 혁명적 변화를 가져올 잠재력을 지니고 있다. 동시에 윤리적 문제도 제기되어, 기술 발전과 윤리적 고려의 균형이 중요하다. 이를 통해 지속 가능한 미래 발전이 가능할 것이다.

종교와 AI?

수학과 인공지능의 융합: 혁신적 기술의 기반

우리는 지금 제4차 산업 혁명 시대를 살아가고 있다. 이 시대의 핵심은 인공지능(AI)과 수학의 융합이다. 이 두 분야는 밀접하게 연관되어 있으며, 서로의 발전을 이끌어 가고 있다. 수학은 AI의 근간을 이루는 학문으로, AI 기술의 발전은 새로운 수학적 도전을 제시하고 있다.

인공지능은 사람의 지적 능력을 컴퓨터 시스템에 구현한 기술이다. 이는 복잡한 문제 해결과 의사 결정을 지원한다. 과거의 단순한 규칙 기반 시스템에서 벗어나 현재는 훨씬 더 복잡한 알고리즘이 적용되고 있다. 인공지능 기술은 자율 주행 자동차, 의료 진단, 신약 개발, 금융 투자 등 다양한 분야에서 활용된다.

예를 들어, 자율 주행 자동차는 카메라와 센서를 통해 주변 환경을 인식하고 최적의 판단을 내린다. 의료 분야에서는 방대한 의료 데이터를 분석해 질병을 조기 진단하고 최적의 치료법을 제시한다. 금융 분야에서는 주식 시장의 움직임을 예측해 객관적이고 정확한 투자 의사 결정을 돕는다.

한편, 수학은 인공지능 기술의 핵심 기반이 되는 학문이다. 인공지능 알고리즘은 수학적 모델링과 최적화 기법을 바탕으로 작동한다. 예를 들어, 기계 학습의 대표적인 기법인 인공 신경망 모델은 뇌의 신경 구조를 수학적으로 모방한 것이며, 최적화 기법을 통해 인공지능 시스템이 주어진 목적을 달성할 수 있도록 설계된다.

최근 수십 년간 수학은 비약적인 발전을 이루어 왔다. 과거의 단순한 계산과 문제 해결에서 벗어나 현재는 복잡한 패턴 인식, 최적화, 데이터 분석 등에 활용되고 있다. 날씨 예보는 수학의 대표적인 활용 사례 중 하나다. 날씨 예보의 정확도 향상과 금융 분야에서의 주식 가격 예측, 위험 관리, 포트폴리오 최적화 등에서 수학은 핵심적인 역할을 한다.

인공지능과 수학의 융합은 새로운 연구 과제를 끊임없이 제시하고 있다. 예를 들어, 딥러닝 기술의 발전으로 인해 고차원 데이터 분석을 위한 새로운 수학적 모델링 기법이 필요하게 되었다. 이러한 융합은 미래에 더욱 가속화될 것이며, 우리는 인간의 능력을 넘어서는 다양한 기술들을 개발할 수 있을 것으로 예상된다.

최근 주목받고 있는 대규모 언어 모델(large language model, LLM) 기술은 인공지능과 수학의 융합이 만들어낸 혁신적인 결과물이다. LLM은 방대한 양의 텍스트 데이터를 학습해 인간의 언어를 이해하고 생성할 수 있는 인공지능 모델이다. 이 기술은 자연어 처리, 기계 번역,

대화형 AI 등 다양한 분야에서 혁명적인 변화를 가져오고 있다.

LLM의 핵심에는 복잡한 수학적 알고리즘이 존재한다. 트랜스포머(Transformer) 아키텍처를 기반으로 하는 LLM은 고도의 선형대수학과 확률론을 활용하며, 주요 기법으로는 자기주의(self-attention) 메커니즘과 확률적 경사 하강법이 있다.

자기주의 메커니즘은 문장 내 단어들의 관계를 파악하는 방법이다.

예를 들어, "나는 사과를 먹었다"라는 문장에서 각 단어는 숫자의 배열(벡터)로 표현된다. '사과'라는 단어에 대해 모델은 다른 단어들과의 관련성을 계산한다. 이 계산은 행렬 곱셈을 통해 이루어진다. 결과적으로 '사과'가 '먹었다'와 가장 강한 관련성을 가진다는 것을 파악할 수 있다.

확률적 경사 하강법은 모델의 학습 방법으로, 등산에 비유할 수 있다.

모델은 처음에는 정답을 잘 맞히지 못한다. 각 시도마다 모델은 자신의 예측과 실제 정답 사이의 차이(오류)를 계산한다. 이 오류를 줄이는 방향으로 모델을 조금씩 수정한다. 이 과정을 반복하면서 모델은 점점 더 정확한 예측을 하게 된다.

이러한 수학적 기법들을 통해 LLM은 인간의 언어를 이해하고 생성하는 능력을 갖추게 된다. 복잡한 수학이 우리가 일상적으로 사용하는 언어를 이해하는 AI를 만드는 데 핵심적인 역할을 하고 있는 것이다.

LLM 기술은 지속적으로 발전하고 있으며, 더 큰 규모의 모델과 더 효율적인 학습 방법이 연구되고 있다. 이는 수학과 인공지능의 융합이 만들어 내는 혁신의 대표적인 사례라고 할 수 있다.

미래 기술의 전망과 윤리적 고려 사항

미래에는 인공지능과 수학의 융합이 더욱 가속화되면서, 우리는 인간의 능력을 넘어서는 다양한 기술들을 개발할 수 있을 것으로 예상된다. 대표적인 미래 기술의 예로는 양자 컴퓨팅, 생물학적 영감의 신경망 모델, 초지능 인공지능 등이 있다.

양자 컴퓨팅은 수학과 인공지능의 미래를 선도할 혁신적 기술이다. 이는 기존의 이진 비트 연산의 한계를 뛰어넘어 양자 역학적 원리를 활용한 병렬 연산을 실현하는 획기적인 방식이다. 양자 컴퓨팅의 핵심은 수학적 모델링과 최적화 기법에 있으며, 이를 통해 복잡한 문제 해결 능력을 비약적으로 향상시킬 전망이다. 소인수 분해 문제는 양자 컴퓨팅의 잠재력을 보여 주는 대표적인 예시로, 기존 컴퓨터와 달리 놀라운 속도로 처리할 수 있다.

생물 모방 공학은 자연의 지혜를 현대 기술에 접목시키는 혁신적인 분야다. 이 분야에서 수학은 자연 현상을 모델링하고 최적화하는 데 핵심적인 역할을 한다. 예를 들어, 새의 비행을 모방한 드론 설계에는 유체 역학과 최적화 이론이 적용된다. 비행경로 최적화는 변분법과 동적 프로그래밍을 활용해 해결한다.

생물학적 신경망을 모방한 인공 신경망은 이 분야의 대표적 산물이다. 다층 퍼셉트론은 비선형 함수의 합성으로 모델링되며, 역전파 알고리즘은 연쇄 법칙을 활용한 그래디언트 계산을 기반으로 한다. 최근에는 미분 기하학과 위상 수학을 활용해 신경망의 구조와 학습 과정을 더 깊이 이해하려는 시도가 이루어지고 있다.

디지털 트윈 기술은 현실 세계와 가상 세계를 연결하는 혁신적인 기술 패러다임이다. 이 기술의 핵심은 복잡한 시스템을 정확하게 모델링하는 데 있다. 여기서 편미분 방정식과 수치 해석 기법이 중요한 역할을 한다. 예를 들어, 유한요소법은 복잡한 형상의 구조물을 모델링하는 데 사용되며, 이는 선형대수학과 함수해석학을 기반으로 한다.

실시간 시뮬레이션을 위해서는 고속 계산 기법이 필요하다. 여기서 스파스 행렬 이론과 병렬 계산 알고리즘이 적용된다. 또한, 센서 데이터와 시뮬레이션 결과를 융합하는 데는 베이지안 추론과 칼만 필터링 같은 통계적 기법이 사용된다.

초지능 AI는 인간의 지적 능력을 획기적으로 초월하는 시스템이다. 이의 실현을 위해서는 현재 AI 기술의 한계를 극복해야 하며, 이는 새로운 수학적 도전을 제시한다. 예를 들어, AI의 추론 능력 향상을 위해 형식 논리학과 증명 이론이 연구되고 있다. 또한, AI의 일반화 능력 향상을 위해 정보 기하학과 최적운송이론 같은 고급 수학 이론이 적용되고 있다.

그러나 이러한 미래 기술의 급속한 발전은 중요한 윤리적 문제들을 야기한다. 인공지능의 의사 결정 과정에서 발생할 수 있는 편향성, 개인 정보 보호와 프라이버시 침해에 대한 우려, 기술 진보로 인한 일자리 변화, 그리고 인간과 기계 사이의 관계 재정립 등이 주요 윤리적 과제로 대두되고 있다. 특히 초지능 AI의 출현은 인간의 통제력 상실에 대한 우려를 낳고 있으며, 이는 심각한 철학적 · 윤리적 논의를 필요로 한다.

LLM 기술의 발전 역시 윤리적 고려 사항을 동반한다. 예를 들어, LLM이 생성한 텍스트의 진실성과 책임 소재, 저작권 문제, 그리고 LLM을 이용한 대규모 정보 조작 가능성 등이 주요 쟁점이 되고 있다. 또한, LLM 학습에 사용되는 방대한 데이터에 내재된 편견이 모델의 출력에 반영될 수 있다는 우려도 제기되고 있다.

미래 기술의 발전을 위해서는 수학과 인공지능 분야의 지속적인 연구와 혁신뿐만 아니라, 이에 따른 윤리적 고려 사항에 대한 심도 있는 탐구가 병행되어야 한다. 우리는 기술의 발전이 가져올 혜택을 최대화하면서도 잠재적 위험을 최소화할 수 있는 균형 잡힌 접근법을 모색해야 한다.

인공지능과 수학의 융합은 우리에게 무한한 가능성을 제시한다. 양자 컴퓨팅, 생물 모방 공학, 디지털 트윈, 초지능 AI, LLM 등의 기술은 우리 사회를 혁신적으로 변화시킬 잠재력을 가지고 있다. 그러나 이러한 기술의 발전은 동시에 우리에게 중요한 윤리적 과제를 안겨 준다. 우리는 기술 발전과 윤리적 성찰의 조화로운 발전을 추구해야 하며, 이를 통해 더 나은 미래를 함께 만들어 나갈 수 있을 것이다.

참고문헌

Alpaydin, E.(2020). *Introduction to machine learning*. MIT Press.

Goodfellow, I., et al.(2016). *Deep learning*. MIT Press.

Devlin, J., et al.(2018). BERT: Pre-training of deep bidirectional transformers for language understanding. *arXiv preprint arXiv:1810.04805*.

Nielsen, M. A., & Chuang, I. L.(2010). *Quantum computation and quantum information*. Cambridge University Press.

Russell, S., & Norvig, P.(2020). *Artificial intelligence: A modern approach* (4th ed.). Pearson.

Silver, D., et al.(2018). A general reinforcement learning algorithm that masters chess, shogi, and Go through self-play. *Science*, 362(6419), p.1140-1144.

Vaswani, A., et al. (2017). Attention is all you need. *Advances in neural information processing systems*, 30.

백란

호남대학교 AI융합대학 학장으로서 인공지능과 수학 분야의 선도적 전문가다. 미국 노던일리노이대(Northern Illinois University)에서 수치해석 박사학위를 취득하고, 28년 이상 대학에서 교육과 연구에 헌신해 왔다. 국가과학기술자문회의 심의위원, 과학기술정보통신부 자체평가위원, 한국여성정보인협회 회장, 한국여성과학기술총연합회 부회장, 국가과학기술심의회 평가전문위원회 위원장 등을 역임하며 국가 과학기술 정책 수립에 기여했으며, 과학기술 발전에 대한 공로로 과학기술훈장 진보장과 과학기술정보통신부 장관 표창을 수훈했으며, 세계적 인명사전 '마르퀴즈 후즈후(Marquis Who's Who)'에 등재되었다. 최근에는 인공지능 시대의 수학 교육과 디지털 리터러시의 중요성을 강조하는 대중 강연 활동을 통해 과학기술 대중화에도 힘쓰고 있다.